Retrouvez nos prochaines parutions, les ouvrages du catalogue et les événements à ne pas rater sur notre site Internet. Vous pourrez également lire des extraits de tous nos livres, recevoir notre lettre d'information et acheter directement les livres qui vous intéressent, en papier et en numérique !

À bientôt sur www.editionsleduc.com

Traduit de l'anglais (Grande-Bretagne)
par Maylis Gillier

Titre de l'édition originale : *10 Steps to Positive Living*
First published in Great Britain in 1994
by Sheldon Press,
36 Causton Street, London SW1P 4ST

Deuxième impression (janvier 2013)
17, rue du Regard
75006 Paris – France
E-mail : info@editionsleduc.com
ISBN : 978-2-84899-500-7

WINDY DRYDEN

10 ÉTAPES POUR UNE VIE POSITIVE

LEDUC.S
EDITIONS

Sommaire

Avant-propos

Mes précédents ouvrages traitaient surtout de la manière dont on peut surmonter des problèmes spécifiques liés à des émotions (comme l'anxiété, la dépression, la colère, la culpabilité, la honte, le cafard et les peines de cœur). Cependant, au fil du temps, j'ai senti un intérêt grandissant chez des personnes de tous horizons pour toutes les questions concernant la façon d'acquérir un état d'esprit positif. Aussi, à l'occasion des conférences publiques que je donne sur des thèmes liés à la psychologie, j'ai remarqué qu'au moment des questions, on m'interroge plus souvent sur les moyens d'être heureux plutôt que sur la façon de surmonter des problèmes spécifiques d'ordre émotionnel. C'est pourquoi il m'a semblé opportun d'écrire cet ouvrage sur les différentes étapes qui permettent d'acquérir un bon équilibre psychique. C'est ainsi que ce livre a vu le jour.

Même si les différentes étapes abordées dans ce livre ne suivent pas forcément un ordre logique, je conseille à mes lecteurs de lire les étapes 1 à 6 avant les étapes 7 à 10. Mais cela ne vous empêche nullement de procéder comme bon vous semble.

Windy Dryden

ÉTAPE 1

Assumer sa part de responsabilité

LA RESPONSABILITÉ PERSONNELLE est un concept qui occupe une place centrale en matière d'équilibre psychique. On est responsable de ce qui rentre dans sa sphère d'influence. Dès lors, il s'agit d'essayer de voir dans quelle mesure et dans quels domaines de sa vie personnelle, chacun peut exercer une certaine influence. En premier lieu, elle peut s'exercer dans les domaines qui n'appartiennent qu'à nous. Je veux parler ici de nos pensées, de nos sentiments, des décisions que l'on prend et de la manière dont on agit. On peut également exercer une certaine influence sur les conséquences prévisibles de nos actions.

Est-on responsable de nos pensées ?

Cela ne signifie nullement que l'on a une maîtrise parfaite de la situation. Vous aurez beau chercher à garder le contrôle de vos pensées, vous vous apercevrez bien vite que cela est impossible.

Je vous propose de faire une petite expérience. Fermez les yeux pendant quelques instants et pensez à un éléphant rose. Ensuite, dites-vous d'arrêter de penser à un éléphant rose. Vous constaterez, non sans surprise, que la seule chose que vous n'arriverez pas à chasser de votre esprit, c'est justement cet éléphant rose. En revanche, si vous vous laissez aller à penser à cet éléphant rose, au bout d'un moment vous allez vous en lasser et votre esprit ira vagabonder ailleurs.

Cette petite expérience montre que l'on peut exercer un certain contrôle sur ses pensées, mais il n'est que partiel. On peut dire en schématisant que les pensées relèvent plus ou moins de la sphère d'influence de chacun et que, par conséquent, chacun en est responsable pour lui-même. Personne d'autre ne l'est à sa place. Je ne suis pas responsable, par exemple, du fait que vous vous mettiez à penser à un éléphant rose, même si j'assume la responsabilité de vous avoir incité à le faire. Mon incitation relève de ma sphère d'influence, et par conséquent j'en suis responsable.

Est-on responsable de nos sentiments ?

En fait, les sentiments dépendent en grande partie des croyances sous-jacentes que l'on a sur soi-même, sur les autres et sur les événements qui se produisent dans notre vie. Cela signifie que l'on est responsable des sentiments que l'on ressent. Étant donné que chacun d'entre nous est en grande partie responsable des croyances qui l'habitent, sur lui-même, sur les autres et sur le monde, on peut dire que chacun d'entre nous assume une grande part de responsabilité pour les sentiments qui dérivent de ces croyances. Il est certain que l'on ne maîtrise totalement ni ses croyances ni ses sentiments, car nous sommes confrontés à toutes sortes d'événements qui ont également une incidence sur notre manière de penser.

RESPONSABILITÉ : VOUS PARTEZ À L'ÉTRANGER ?

Imaginons, par exemple, que vous ayez un groupe d'amis sympathiques en compagnie desquels vous vous sentez bien mais que, pour des raisons professionnelles, vous soyez conduit à vivre à l'étranger dans un pays où vous ne connaissez personne. C'est en soi une situation difficile à vivre qui peut agir comme un événement déclencheur négatif. Il est tout à fait logique que cela rejaillisse sur votre manière de penser, étant donné que vous aimeriez bien vous retrouver avec vos chers amis. Il est donc fort peu probable que vous vous disiez : « qu'est-ce que je suis content d'être loin de mes chers amis » ou bien « ah, ça fait du bien d'être loin de ses amis » ou encore « je me moque complètement d'être séparé des amis que j'apprécie tant ». En réalité, ce serait inquiétant si vous pensiez de cette façon. Cependant, cette situation d'éloignement n'enlève en rien la responsabilité qui reste la vôtre en ce qui concerne la manière d'appréhender cette épreuve. Vous aurez le choix entre deux attitudes : soit réagir sainement en reconnaissant

→

l'impact négatif de cette situation et en vous disant (par exemple) « je n'aime pas cette situation mais je peux la supporter », soit réagir de façon malsaine en vous disant (par exemple) « je n'aime pas cette situation et je vais "craquer" si ça continue comme ça ».

Il est indéniable que les situations vécues, en particulier quand elles sont négatives, réduisent l'éventail des façons de penser qui s'offrent à nous, mais elles sont rarement la *cause* directe de telle ou telle façon de penser et de ressentir les choses. Chacun a toujours le choix d'envisager une situation négative de façon saine ou malsaine.

Est-on responsable de nos décisions ?

Il est également indéniable que chacun est responsable des décisions qu'il prend dans sa vie, même si l'on n'est pas toujours en possession de toutes les informations qui permettraient de prendre telle ou telle décision en toute connaissance de cause.

Responsabilité : vous avez deux offres d'emploi ?

Imaginons, par exemple, que vous ayez deux offres d'emploi. Vous êtes au chômage et vous voilà confronté à trois options possibles. Dans le premier cas, vous pourriez accepter le poste A, dans le second, le poste B. La troisième option consiste à refuser les deux postes et à rester au chômage en attendant qu'un poste plus attrayant vous soit proposé (ce qui présente un risque, celui de ne pas obtenir de proposition plus attrayante). Il est de votre responsabilité de découvrir le maximum d'informations possible sur les deux postes qui vous sont proposés et sur les chances d'obtenir un meilleur poste au cas où vous décidiez de refuser l'une et l'autre proposition. Supposons que vous choisissiez d'accepter la proposition A.

Il s'avère rapidement cependant que des informations importantes vous ont été cachées qui, si vous les aviez connues avant, vous auraient incité à ne pas prendre la même décision. Vous n'en êtes pas moins responsable de la décision que vous avez prise, mais vous n'êtes pas responsable du fait que des informations importantes ne vous ont pas été délivrées. Il serait stérile de vous dire que vous auriez dû connaître ces informations alors qu'en réalité au moment où vous avez pris votre décision, vous ignoriez leur existence. Ceci est important : il ne relève pas de votre responsabilité de savoir ce que vous ne connaissez pas. Même si on ne peut vous tenir responsable de quelque chose que vous ne saviez pas à un moment donné, il est de votre responsabilité de tirer les leçons de cette expérience. Ainsi, lors d'un prochain entretien d'embauche, vous penserez à poser certaines questions que vous n'aviez pas pensé à poser concernant la proposition A.

Est-on responsable des conséquences de nos actes ?

Votre responsabilité s'exerce également s'agissant des conséquences prévisibles de vos actions. Imaginez que vous ayez promis à un ami de faire quelque chose de précis pour lui. Cependant, au moment de réaliser votre promesse, voilà que quelque chose de plus intéressant se présente et vous décidez de ne pas tenir votre promesse. Il est fort probable que votre ami sera fâché que vous ne l'ayez pas aidé comme promis. Dans ce cas, on peut dire que vous êtes responsable non seulement de n'avoir pas honoré votre promesse (il s'agit là d'une action) mais également de la déception de votre ami. Toutefois, vous ne pourriez pas être tenu pour responsable de sentiments dépressifs graves chez votre ami dans la mesure où ses sentiments de dépression trouveraient en grande partie leur origine dans sa façon à lui, malsaine, de réagir face à votre dérobade.

Être responsable pour prendre sa vie en main

Tout cela pour en venir au fait qu'il est important que vous assumiez la responsabilité de vos pensées, de vos sentiments, de vos décisions, de vos actes et des conséquences prévisibles de ces actes. Autrement, vous ne chercherez même pas à changer ce que vous pouvez changer. Au contraire, vous aurez plutôt tendance à rejeter la faute sur les autres ou sur les aléas de la vie qui dictent votre façon de penser, de ressentir les choses, d'agir et de prendre des décisions. Imputer à d'autres ou à des événements extérieurs des choses qui en réalité relèvent de votre responsabilité est la marque d'un équilibre psychique fragile.

Dans ce cas de figure, vous vous considérez comme une victime qui n'arrive pas à faire face aux vicissitudes de la vie. « J'voudrais bien mais j'peux point », comme dit la chanson… En refusant d'endosser la responsabilité personnelle qui vous revient, vous refusez du même coup de prendre votre vie en main. Ce faisant, vous comptez sur les autres pour venir à votre secours et vous vous rendez ouvertement dépendant d'eux. Vous considérant comme une victime, vous prendrez l'habitude de vous plaindre amèrement de votre sort, des tours que la vie vous réserve et de la méchanceté ou de l'indifférence des autres à votre égard.

Dans ce cas de figure, vous aurez tendance à incriminer votre histoire passée, vos parents, pour justifier votre façon de penser aujourd'hui, vos sentiments, vos actes. Il est à regretter que certaines écoles de psychologie semblent renforcer cette façon de voir en ne faisant pas de différence entre les événements passés qui influent sur votre manière de penser, de ressentir les choses et d'agir au présent et d'autre part les mêmes événements qui sont la cause directe de vos pensées, de vos sentiments et de votre comportement. Il me semble personnellement que l'on peut dire que le passé exerce une influence, certes, mais il est bien rare que l'on puisse dire qu'il est la cause directe de la manière dont vous allez réagir aux événements qui se produisent aujourd'hui. Votre façon de réagir au présent dépend largement de votre façon de voir les événements présents et à venir. Certains ont appris de leurs parents, par exemple, que si l'on n'arrive pas à avoir de bons résultats, cela signifie que l'on est un « raté ». Si vous êtes dans ce cas, dites-vous bien qu'il est fort probable que cette vision des choses soit ancrée en vous depuis un certain nombre d'années. Dans ce cas, je n'hésite pas à dire que vous êtes responsable d'avoir choisi, je dis bien choisi, de maintenir en vie ce type de philosophie et que vous pouvez très bien apprendre à la modifier.

Responsabilité et reproche

Il est primordial de bien faire la différence entre responsabilité et reproche. Quand je dis que les gens sont responsables en grande partie de leur façon de penser, de ressentir les choses et de leurs actes, cela n'entraîne pas nécessairement qu'il faille leur reprocher leurs pensées, leurs sentiments et leurs actions, sans oublier les conséquences de leurs décisions et de leurs actions. En effet, l'idée du reproche induit l'idée que les êtres humains sont de mauvaises personnes quand elles font de mauvaises choses et qu'il faut donc les punir pour cela. L'idée que je défends dans cet ouvrage est que les personnes sont des êtres faillibles, qui ont droit à l'erreur et ne sont ni bons ni mauvais en soi : quand elles agissent mal, il faut qu'elles en assument la responsabilité, bien sûr, mais elles n'ont pas à se culpabiliser pour leurs erreurs et leurs manquements. Comme je l'ai énoncé dans un précédent ouvrage (*Se libérer de sa culpabilité*, Leduc.s Éditions), la culpabilité empêche de tirer les leçons de ses erreurs. Si vous avez des choses à vous reprocher, cela signifie que vous êtes quelqu'un de mauvais et dans ce cas, vous risquez certainement de faire d'autres mauvaises choses.

En résumé

Assumez la responsabilité de ce qui entre dans votre sphère d'influence. Le fait d'assumer la responsabilité de vos pensées, de vos sentiments et de vos actes vous encouragera à modifier vos schémas de pensée négatifs qui sont liés à des émotions et à des comportements qui vous poussent à vous dévaloriser. Si vous assumez la part de responsabilité qui vous revient indiscutablement, vous arriverez à tirer parti de la suite de cet ouvrage. Si vous persistez à nier cette part de responsabilité, il y a fort à parier que ce guide, comme tout autre ouvrage de ce type, ne vous apportera pas grand-chose.

ÉTAPE 2

Faire preuve de souplesse d'esprit et fuir le dogmatisme

COMME NOUS VENONS de le voir à l'étape 1, nos sentiments et notre comportement dépendent principalement de notre façon de réagir face aux événements qui nous arrivent. Dès lors, il est important pour celui qui veut être équilibré sur le plan psychique de développer des croyances et des attitudes qui aillent dans ce sens. C'est ce que j'appelle développer une certaine philosophie de la vie. Pour être équilibrée et saine, cette philosophie doit reposer sur une qualité fondamentale : la **souplesse d'esprit**.

Modèle des émotions humaines

Comment concrètement faire preuve de souplesse d'esprit et adopter une philosophie de vie équilibrée et saine par opposition à une philosophie intransigeante qui débouche sur un piètre équilibre psychique ? La meilleure façon de répondre à cette question est de vous présenter un modèle des émotions humaines qui est celui que j'enseigne régulièrement au cours de mes consultations. Ce modèle se déroule en trois parties.

Première partie : « il est souhaitable »

Mettez-vous dans l'état d'esprit de quelqu'un qui considère qu'il est souhaitable, ou du moins préférable d'avoir en permanence un minimum de onze euros en poche. Cela ne veut pas dire que vous considérez qu'il est indispensable d'avoir cette somme sur soi en toute occasion, mais simplement que c'est préférable. Imaginez maintenant que vous soyez dans cet état d'esprit au moment où vous vérifiez combien d'argent vous avez dans votre poche ou votre porte-monnaie. Vous vous apercevez alors que vous n'avez plus qu'un billet de dix euros. Comment pensez-vous que vous allez réagir sachant que vous considérez qu'il vaut mieux (et non pas qu'il faut impérativement) avoir au moins onze euros sur soi ? À mon avis, vous constaterez que cela va vous inquiéter, vous procurer un sentiment de frustration ou de déception. Ces émotions négatives sont, à mon sens, saines car elles vous permettent de vous adapter à cette situation négative et vous incitent à prendre des mesures adéquates pour remédier au problème, si cela est possible.

Deuxième partie : « il est impératif »

Maintenant, imaginons que vous soyez dans un état d'esprit complètement différent. Cette fois, vous êtes fermement convaincu qu'il est absolument impératif d'avoir sur soi en permanence un minimum de onze euros. C'est essentiel et pour vous ce serait la fin du monde si vous n'aviez pas cette somme sur vous. Dans ce cas de figure bien ancré dans votre esprit, que ressentiriez-vous avec seulement dix euros en poche ? Vous constateriez que vous ressentez tout un ensemble d'émotions négatives entièrement différentes qui ne sont pas saines. Ne seriez-vous pas envahi par l'inquiétude, la panique, voire la déprime ? Ces émotions ne risquent guère de vous stimuler pour vous adapter à la situation et prendre les mesures concrètes qui vous permettraient de redresser la situation.

À ce stade, remarquez bien que dans la première et la deuxième partie de ce modèle, vous êtes confronté à la même situation (vous n'avez que dix euros en poche). Remarquez également que vos émotions négatives qui sont de nature très différente selon le cas (saine dans le premier cas de figure et malsaine dans le deuxième cas) sont le prolongement de deux états d'esprit différents. Dans le premier cas, vous faites preuve de souplesse et vous relativisez tandis que dans le second cas, vous adoptez une posture intransigeante, dogmatique.

Troisième partie : la nécessité absolue

Dans cette dernière partie, imaginez que vous continuez à avoir cet état d'esprit intransigeant, dogmatique

que je vous ai invité à adopter dans la seconde partie, à savoir qu'il est absolument impératif d'avoir sur soi un minimum de onze euros en poche en permanence, sinon, gare aux conséquences. Maintenant, imaginez qu'en fouillant fébrilement votre sac ou en retournant vos poches, vous vous aperceviez que vous avez une pièce de deux euros que vous aviez oubliée dans un recoin. Que ressentiriez-vous alors ? En général, les gens disent qu'ils se sentent soulagés et, pour un temps, vous le seriez aussi car vous vous rendrez compte que vous avez plus que le minimum que vous jugez vital. Toutefois, tant que vous êtes dans la posture où vous vous dites : « Il faut absolument que j'aie au moins onze euros sur moi, sinon le pire peut arriver ! », vous risquez d'être assailli par une pensée qui vous rendra de nouveau sujet à l'inquiétude et à la panique. « Et si je perds deux euros, comment ferai-je pour faire les courses, ou si je me fais voler ? » Une fois de plus vous vous mettez à paniquer et à vous faire du souci, alors même que vous avez désormais plus que ce que vous considérez comme votre minimum vital.

Souplesse d'esprit et dogmatisme

L'intérêt de ce modèle – et je tiens à attirer tout particulièrement votre attention sur cet aspect – est de montrer que les êtres humains, qu'ils soient riches ou pauvres, hommes ou femmes, noirs ou blancs, jeunes ou vieux, se sentent bousculés sur le plan émotif quand ils n'arrivent pas à obtenir ce qu'ils considèrent comme nécessaire. Ils sont également vulnérables même quand ils possèdent ce qu'ils considèrent comme leur minimum vital car ils savent que même dans ce cas, il peut leur arriver de le perdre. Cependant, si les personnes s'en tiennent rigoureusement (ce qui ne veut pas dire rigidement !) à ce qu'elles considèrent comme des préférences personnelles, fixées sans dogmatisme et avec souplesse d'esprit, elles ressentiront, certes, des émotions négatives lorsqu'elles n'arrivent pas à obtenir ce qu'elles veulent, mais ces émotions négatives les aideront à s'adapter à la situation et les stimuleront pour prendre des mesures constructives pour essayer de transformer la situation.

La vie de tout être humain est rythmée par un ensemble complexe de désirs. On voudrait que certaines choses se produisent et que d'autres ne se produisent pas. Chacun a ses propres préférences : on attend certaines choses des autres et les interactions qui s'exercent entre soi et le monde sont régies par tout un ensemble de souhaits et de besoins. Comme le démontre le modèle présenté ci-dessus, tant que l'on reste dans le registre des préférences, qui sont essentiellement souples et non absolues, on est certain de garder son équilibre affectif même si l'on n'obtient pas ce que l'on voudrait. Comme nous le verrons ultérieurement dans cet ouvrage, certaines émotions négatives sont des réactions saines face à des situations frustrantes où les désirs ne sont pas comblés. Cet ensemble de préférences, de souhaits et d'attentes définis avec souplesse et sans caractère absolu vous permet de modifier ce que vous pouvez modifier et de vous adapter de façon constructive à ce que vous ne pouvez pas modifier dans votre vie, sans pour autant être ébranlé par vos émotions. Ces désirs vous donnent envie de faire ce qu'il faut en vue de leur réalisation. Ainsi, ces désirs et ces préférences issus d'un état d'esprit reposant sur la souplesse et refusant tout dogmatisme vous encouragent à œuvrer en vue de votre épanouissement personnel.

Il n'en va pas de même si vous prenez vos désirs pour des nécessités absolues, des impératifs incontournables. Il peut alors se produire deux choses. D'une part, vous augmentez la probabilité d'être envahi par des émotions déstabilisantes dès que vous n'obtenez pas ce que vous souhaitez et vous augmentez votre vulnérabilité à ressentir des émotions déstabilisantes même quand vous êtes en possession de ce dont vous croyez avoir absolument besoin. D'autre part, en ayant des exigences dogmatiques, vous agissez d'une manière qui diminue vos chances d'obtenir ce que vous voulez dans la vie. Comme le montre le modèle, l'anxiété trouve généralement son origine dans des exigences dogmatiques qui empêchent de réagir de manière constructive. Celui qui est inquiet ressemble à un écervelé qui court dans tous les sens, affolé, pour tenter de retrouver toute sa tête. Est-ce là un bon exemple qui débouche sur des mesures constructives ? Certainement pas ! Si, en revanche, vous arrivez à vous débarrasser de vos philosophies intolérantes qui sont le socle sur lequel s'enracinent vos émotions perturbatrices, vous ressentirez des émotions, certes négatives, mais saines (du souci ou de la tristesse, par exemple). Ces émotions sont saines dans la mesure où elles ont pour fonction de vous aider non seulement à apprécier à sa juste valeur la réalité de la situation dans laquelle vous vous trouvez, mais vous permettent de surcroît de prendre du recul et de penser de façon constructive pour voir comment modifier la situation, si tant est qu'elle puisse l'être.

Apprendre à dire « mais »

Chacun d'entre nous a des désirs propres, différents selon chaque individu. Je n'ai nullement l'intention de vous dire quels désirs vous devriez avoir. Certains, par exemple, auront le désir d'être aimé et approuvé, d'autres de laisser leur marque dans la vie et de parvenir à un niveau élevé de notoriété. Certains éprouvent le désir d'être aux commandes, d'autres aspirent à plus de justice, d'équité dans le monde. Tous ces désirs sont sains par nature à la condition d'être suivis d'un petit mot très court, *mais* chargé de sens : le mot « MAIS » justement. Ainsi, celui qui a le désir d'être aimé, sera bien avisé de dire : « Je voudrais être aimé par quelqu'un de valeur, MAIS cela ne veut pas dire que ce soit une nécessité absolue pour moi. » Si vous voulez davantage d'équité dans le monde, dites-vous : « Je voudrais que le monde soit plus équitable et je vais m'efforcer d'y contribuer, MAIS cela ne signifie pas qu'il y ait une loi absolue qui dise que le monde devrait fonctionner selon un principe d'équité. » C'est en supprimant ce petit MAIS qui doit accompagner vos désirs que vous les pétrifiez pour en faire des exigences tyranniques et monolithiques. Cet état d'esprit intransigeant et sans nuances est à l'origine des perturbations d'ordre émotionnel qui vous rendent vulnérable même lorsque vous êtes en possession de ce que vous considérez comme une nécessité absolue, à avoir en toutes circonstances.

Ainsi, si vous voulez être équilibré, il est important de bien identifier vos désirs, de faire de votre mieux pour les réaliser et parvenir, ce faisant, à surmonter les situations génératrices de frustration qui peuvent se présenter. Rappelez-vous que votre équilibre personnel sera d'autant meilleur que vous vous garderez de transformer vos désirs en exigences absolues et en impératifs incontournables. Faites preuve de souplesse d'esprit et fuyez le dogmatisme : il y va de votre équilibre psychique !

EN RÉSUMÉ

Il y a trois raisons pour lesquelles un état d'esprit intransigeant et sans concessions s'avère dénué de raison. 1) Tout d'abord, le fait d'exiger absolument d'obtenir ce que l'on désire donne inévitablement, comme le prouve le modèle développé ci-dessus, de piètres résultats au plan des émotions et du comportement. 2) Ensuite, un excès d'intransigeance ne correspond pas à la réalité. S'il existait une loi universelle stipulant que chacun doit obtenir ce qu'il désire, le monde fonctionnerait d'après ce schéma, vous permettant de réaliser vos vœux les plus chers et les plus fous. Il n'en va pas ainsi et par conséquent, les exigences intransigeantes sont irréalistes dans la mesure où elles sont déconnectées du réel. 3) Enfin, vos exigences et vos impératifs ne dérivent pas toujours logiquement de préférences fondées sur une vision saine des choses. Posez-vous cette question : là maintenant, n'auriez-vous pas envie de recevoir au courrier une liasse de mille euros ? À mon avis, vous répondrez sans doute oui à cette question.

Cela ne signifie pas pour autant que cela va logiquement arriver. Il ne suffit pas de le souhaiter pour que cela arrive forcément. C'est dans ce sens que les exigences intransigeantes sont irrationnelles, dans la mesure où elles ne tiennent pas compte de vos préférences qui sont des désirs tempérés par la raison.

ÉTAPE 3

Accepter la réalité telle qu'elle est

Si l'on veut acquérir un bon équilibre psychique, il y a une attitude fondamentale à avoir qui est d'accepter la réalité telle qu'elle est. Lorsque je dis cela, les gens interprètent mal mes paroles en croyant que je les encourage à la résignation. Or, il ne s'agit pas du tout de cela. La résignation implique que l'on ne peut pas faire grand-chose pour changer la situation dans laquelle on se trouve. Par conséquent, celui qui se résigne ne fait pas d'effort pour amener du changement, ce qui implique de fait que la situation reste la même. Soyez bien convaincu que cette attitude est aux antipodes de ce que je vous invite à faire : je ne tiens pas du tout à vous encourager à accepter avec résignation les aléas de la vie que chacun peut rencontrer. Loin de moi l'idée de vous décourager d'entreprendre des actions constructives. Le fait d'accepter la réalité telle qu'elle est signifie reconnaître l'existence d'une situation de fait qui tient à la présence d'un certain nombre d'éléments en place. Cela implique également de prendre des mesures constructives pour tenter de modifier ces éléments perturbateurs, ce qui permettra par ricochet de modifier la situation.

Quand j'incite les personnes à accepter la réalité, certaines pensent que je les encourage à l'aimer telle qu'elle est ou à lui devenir indifférent. Là encore, mon propos est mal compris. Imaginons que vous ayez postulé pour un emploi qui vous plairait vraiment. Malheureusement, votre candidature est rejetée. Si je vous encourage à accepter la réalité de ce refus, cela ne veut pas dire que je vous invite à vous réjouir du rejet de votre candidature. L'idée serait insensée car se réjouir de cette mauvaise nouvelle signifierait que vous pensez au fond de vous-même : « Il est heureux que je n'aie pas été choisi pour ce poste que j'aurais beaucoup aimé avoir. » Je ne vous encourage pas davantage à être indifférent à cette déconvenue. Ce serait une forme de stoïcisme poussé à l'extrême. Pour être indifférent à ce rejet, il faudrait que vous pensiez que cela n'a aucune importance pour vous : « Peu m'importe après tout… » Ce serait un gros mensonge !

Dans ce cas, accepter la réalité telle qu'elle est consiste plutôt à voir les choses ainsi :

- Reconnaître le fait que votre candidature a été écartée pour des raisons qui vous sont encore inconnues.
- Détester vous retrouver dans cette situation qui va à l'encontre de vos désirs.
- Étudier la question de savoir si vous allez contester la décision de la commission chargée du recrutement.

Sur ce dernier point, vous envisagerez peut-être de contacter l'une des personnes chargées du recrutement pour connaître les raisons pour lesquelles votre candidature a été rejetée. Si la raison invoquée vous paraît contestable, vous aurez peut-être envie de leur demander de reconsidérer leur choix. Voilà un cas où vous essayez de modifier les conditions négatives qui se présentent à vous. Cela ne veut pas dire pour autant que vous allez forcément réussir à modifier ces conditions. Il est en effet fort probable que l'on ne vous dira pas les raisons qui ont motivé le rejet de votre candidature ou bien que même si on vous les donne, vous n'arriverez pas à amener la commission en question à reconsidérer sa décision.

En conclusion, accepter la réalité comme telle est un processus qui comporte trois étapes. Cela implique :

- De reconnaître que la situation existe bel et bien et que toutes les conditions de son existence sont bien réunies.
- De reconnaître que la situation telle qu'elle est va à l'encontre de vos désirs et que vous trouvez cela particulièrement pénible et détestable.
- De décider éventuellement de prendre des mesures constructives pour tenter un revirement de situation.

À ce propos, si vos tentatives pour modifier la situation sont infructueuses, vous vous retrouvez dans un cas de figure où accepter la réalité signifie reconnaître votre échec et accepter ce nouveau revers pénible.

La nature humaine est telle que chacun d'entre nous est envahi de désirs multiples. Certains de ces désirs sont d'intensité faible, d'autres sont modérés, d'autres enfin puissants. En règle générale, plus le désir est fort, plus la frustration du désir est pénible à vivre. Face à un désir très fort, impossible à réaliser, il n'est donc pas surprenant qu'il soit particulièrement difficile de s'en tenir aux trois étapes indiquées ci-dessus. On risque plus facilement de tomber dans le travers du « catastrophisme ».

Avez-vous tendance à sombrer dans le catastrophisme ?

En premier lieu, la personne arrive logiquement à la conclusion qu'il est mauvais de ne pas avoir réussi à combler son désir. En second lieu, la personne s'empoisonne la vie en croyant que cette situation n'est absolument pas envisageable. En dernier lieu, la personne conclut qu'étant donné que ce qui ne devait absolument pas arriver s'est tout de même produit, non seulement c'est mauvais, mais c'est même *tout* mauvais. C'est une véritable catastrophe, un cataclysme, et pire encore, la fin du monde !

Ce prisme du catastrophisme provient en général d'une évaluation exagérément négative. C'est comme si l'on fixait un barème d'évaluation des événements négatifs sur une échelle de gravité allant de 0 à 99,9 % et qu'ensuite, on invente une sorte de nouvelle échelle de Richter de l'épouvantable partant d'une intensité de 101 jusqu'à l'infini. Celui qui adhère à la vision catastrophique est persuadé à ce moment-là que rien ne pourrait être pire. S'il arrive à prendre un peu de recul et à réfléchir un peu à cette idée, il se rendra compte du caractère ridiculement excessif de sa position. Cela revient à perdre tout sens de la mesure.

Comment se débarrasser du catastrophisme ?

Pour changer d'état d'esprit et ne plus sombrer dans le catastrophisme, il faut commencer par remettre en question les croyances sous-jacentes à cet état d'esprit. Il faut commencer par rechercher les preuves objectives qui militent en faveur de la croyance selon laquelle pour vous tel événement négatif est impensable. J'espère que vous vous rendrez compte que si une situation se produit, c'est bien malheureusement parce que toutes les conditions sont remplies pour cela. Si vous ne supportez pas l'idée que cela puisse se produire, vous refusez de voir la réalité en face. Au fond, vous êtes en train de vous dire que la réalité ne devrait pas être telle qu'elle est, que ce qui existe ne peut pas exister. C'est aussi insensé que de prétendre que quand deux molécules d'hydrogène sont mélangées à une molécule d'oxygène, cela ne peut pas physiquement donner de l'eau. J'espère que vous êtes bien conscient que H_2 associé à O donne de l'eau et qu'il ne peut en être autrement car toutes les conditions sont réunies pour que le produit obtenu soit de l'eau. Il serait sans effet d'exiger que $H_2 + O$ donne autre chose que de l'eau étant donné que toutes les conditions sont physiquement réunies pour obtenir de l'eau, et rien d'autre. Il en va de même pour ce qui nous arrive. Dans le cas du rejet de votre candidature, ce n'est pas parce que vous estimez que cela est impensable, en soi, que vous allez changer le cours des choses et transformer ce rejet en acceptation. En fait, plus vous refusez de reconnaître l'existence d'une situation donnée, plus vous en serez perturbé. Si vous décidez alors d'essayer de modifier cette situation, vous risquez d'aggraver la situation, par exemple, en vous mettant à dos la commission de recrutement, ce qui ne l'incitera pas à vous prêter une oreille attentive.

Dans un deuxième temps, vous devez remettre en question l'idée selon laquelle la situation qui vous perturbe se situe au-delà de 100 sur l'échelle de Richter de l'épouvantable. Il y a déjà quelques années, le docteur Ellis, fondateur d'une approche thérapeutique qualifiée de thérapie comportementale et émotivo-rationnelle, a abordé devant une assemblée de personnes le problème du catastrophisme et a affirmé qu'être écrasé par un rouleau compresseur pouvait être évalué à ce qui peut arriver de pire et codifié à 100 sur l'échelle de gravité des événements malheureux. Dans le public, une personne pris la parole pour corriger ce propos en faisant remarquer qu'être écrasé par un rouleau compresseur n'était pas en soi évaluable à 100 % sur l'échelle des catastrophes dans la mesure où l'on peut toujours imaginer une situation pire où le rouleau compresseur roulerait encore plus lentement…

Voici une méthode pour vous aider à repenser votre vision catastrophique des choses.

Sur l'échelle des malheurs...

Imaginez que le fait d'être écarté d'un poste convoité représente une véritable catastrosphe et soit noté 100 sur l'échelle de l'épouvante. Élaborez ensuite une nouvelle échelle des malheurs en fonction d'autres événements. Supposons que l'on évalue à 100 % le fait, par exemple, d'être amputé de ses quatre membres. À partir de là, c'est à vous d'évaluer d'autres situations : par exemple, le fait d'être amputé de trois membres pourrait être évalué à 90 %, deux membres 80 %, un seul membre 70 % et ainsi de suite jusqu'à la situation où comparativement on pourrait évaluer une cicatrice permanente sur le visage à 5 % et une cicatrice guérissable à 1 % de malheur. Posez-vous ensuite la question de savoir si le rejet de votre candidature est aussi grave qu'une amputation des quatre membres. Serait-ce aussi grave que d'avoir une amputation de trois membres ? De deux membres ? D'un seul, etc. ? J'ai souvent recours à cette façon de procéder et il est bien rare que les personnes préfèrent une offre d'emploi à une cicatrice permanente sur le visage. Même si cette technique, au demeurant spectaculaire et provocatrice, peut paraître surprenante au premier abord, elle s'avère très utile pour aider à remettre en perspective les situations que nous rencontrons.

J'espère vous avoir convaincu que lorsque vous considérez un événement comme catastrophique, vous évaluez de façon outrancière et exagérément négative une situation qui est certainement détestable mais sans doute pas aussi mauvaise que vous le pensez quand vous êtes sous l'emprise d'une vision catastrophiste des choses.

Accepter la réalité

Nous ne nions pas qu'il y ait effectivement des situations extrêmement pénibles à vivre dont le degré de gravité peut être extrêmement élevé sur l'échelle des malheurs que chacun peut élaborer. Certaines situations sont de véritables tragédies humaines : il peut arriver de perdre un membre ; il peut arriver que l'on perde un être cher de mort naturelle ou violente ; il peut arriver que l'on perde tous ses biens, qu'un incendie ravage sa maison. Dans de tels cas, loin de moi l'idée de vous encourager à minimiser le drame qui vous touche. Cependant, nous aurons beau rêver aussi fort soit-il d'un monde où de telles situations ne se produiraient jamais, nous savons que ce monde n'est pas près d'exister. En conséquence, accepter la réalité signifie a) qu'il est possible, voire probable, que l'on vivra des moments tragiques ; b) que personne n'est à l'abri de telles tragédies et c) que de telles tragédies sont pénibles à vivre et peuvent laisser des traces durables en vous. Plus fondamentalement, cela signifie également que si vous abordez la tragédie que vous vivez avec une attitude catastrophiste, cela revient à trouver *inadmissible* que de telles tragédies vous touchent. Y a-t-il donc une loi de l'univers qui décrète que vous bénéficiez d'une immunité particulière vous protégeant de telle ou telle tragédie ? J'ose espérer que vous êtes bien conscient que vous ne disposez d'aucune immunité particulière en ce domaine. Par conséquent, il est très important, quand de telles tragédies se produisent, de ne pas ajouter de perturbations supplémentaires aux sentiments négatifs qui sont une réponse saine face à l'adversité. Cela ne veut pas dire que je minimise le moins du monde l'ampleur de la tragédie qui vous accable. Je veux simplement vous encourager à accepter la nature dramatique de la réalité qui vous affecte sans que vous ajoutiez encore au drame vécu par une attitude catastrophiste.

Le monde dans lequel nous vivons connaît de nombreuses tragédies. Nous vivons dans un monde où l'injustice existe, et même si vous ne méritez pas d'être traité injustement, cela peut très bien vous arriver un jour. Le fait d'accepter la réalité de l'injustice implique de prendre les mesures suivantes.

- Tout d'abord, cela implique que vous abandonniez le schéma de pensée selon lequel il est impensable que vous puissiez être victime d'une injustice puisque vous ne la méritez pas.
- Ensuite, cela implique que vous reconnaissiez que malheureusement quand l'injustice est survenue, les conditions qui ont mené à celle-ci étaient déjà présentes et, de façon empirique, ne pouvaient qu'être présentes de la même manière que H2 + 0 donne forcément de l'eau.
- Enfin, cela implique d'évaluer le degré de gravité de l'injustice en question sur une échelle réaliste, en gardant à l'esprit le fait qu'à partir de 95 %, on atteint des niveaux de gravité équivalant aux exemples que nous avons mentionnés précédemment, avec une amputation de trois ou quatre membres.
- En dernier lieu, cela implique d'essayer autant que cela est possible de modifier l'injustice vécue ou si ce n'est pas possible de l'accepter de bonne grâce, ce qui ne veut pas dire qu'il faille l'aimer pour autant.

Accepter le changement

C'est un truisme que de constater que nous vivons dans un monde qui change en permanence. Au moment où vous êtes en train de lire ces lignes, vous faites l'expérience du changement et du mouvement. Les autres changent aussi, nos relations avec les autres évoluent sans cesse. Quand vous refusez à tout prix de changer, ou que les autres, ou le monde autour de vous, changent, vous faites preuve d'un état d'esprit de non-acceptation de la réalité, vous refusez de voir la réalité en face. Pourtant, ce n'est pas votre attitude qui la fera changer pour autant. La vie est dans le changement, que vous le vouliez ou non. Ne vaudrait-il pas mieux accepter cette réalité de fait sans pour autant vous mettre martel en tête ? Ne soyez pas comme ce petit enfant qui se croit tout-puissant et construit un château de sable pour pouvoir arrêter le flux de la marée montante. Le voilà qui se retrouve les pieds mouillés car, qu'il le veuille ou non, la marée monte et rien ne pourra l'en empêcher.

On peut toujours refuser de voir la réalité en face et ainsi fragiliser son équilibre psychique en voulant s'accrocher à des certitudes immuables. S'il y a quelque chose de certain dans ce monde, c'est justement le fait qu'il n'y a rien de certain ! Car tout change et tout passe, et nous n'y pouvons rien, ni même le prévoir. Par conséquent, il ne suffit pas de vouloir ardemment s'accrocher à des certitudes pour que celles-ci s'ancrent dans la réalité. Ainsi, même si vous exigez des certitudes, vous restez de toute façon confronté à l'incertitude, et cela crée des tensions, au plan émotionnel. N'est-il pas plus sain d'accepter que l'incertitude fasse partie de la condition humaine et ne plus s'en préoccuper outre mesure même si vous préféreriez qu'il en soit autrement ? Bien sûr que oui ! Laissez de côté votre besoin de certitude et acceptez de vivre avec une certaine dose d'incertitude inévitable (mais sûrement pas agréable).

Les bons et les méchants

Vous êtes peut-être de ceux qui aiment que les choses de la vie soient claires et nettes et vous aimez classer les situations en deux catégories : les bonnes et les mauvaises. Malheureusement, le monde et les événements de la vie sont loin d'être classables dans l'une ou l'autre de ces catégories. La complexité des expériences vécues ne peut pas se contenter de ce classement sommaire. Si vous êtes ainsi, vous risquez de finir comme les hôtes de Procuste. Ce héros de la mythologie grecque tenait une sorte de gîte d'étape qui accueillait les voyageurs de passage. Il pensait qu'il était indispensable que les dormeurs de passage soient exactement à la taille du lit qu'il leur offrait, sinon, ils ne pourraient pas dormir confortablement. Que faisait donc Procuste ? Il coupait les jambes de ceux qui étaient trop grands pour le lit et étirait au maximum le corps de ceux qui étaient trop petits. Il en va de même quand vous voulez supprimer toute ambiguïté et simplifier une situation complexe, à la différence près que dans ce cas, c'est vous qui pâtissez de votre attitude. Il ne suffit pas de vouloir que le monde soit clair et limpide pour qu'il le devienne.

Voulez-vous avoir tout le temps raison ?

Il existe une autre attitude symptomatique d'une non-acceptation de la réalité qui vous concerne peut-être : l'impérieux besoin d'avoir raison. Si vous êtes de ceux-là, cela signifie que vous pensez qu'il y a une bonne façon de faire les choses, une attitude correcte à adopter ou une bonne manière d'appréhender les choses et que par conséquent les autres doivent partager votre façon de voir (puisque c'est la bonne). Cette attitude débouche fréquemment sur de grandes difficultés relationnelles avec les autres. Ces difficultés s'expliquent par le fait que vous trouvez intolérable que d'autres personnes ne soient pas d'accord avec vous et n'acceptez pas qu'il puisse y avoir d'autres opinions que la vôtre qui soient également valables. Cette attitude dogmatique est à la racine du fanatisme et du terrorisme. En réalité, la vie ne peut pas être enfermée dans des catégories aussi étanches : il n'y a pas d'un côté le bien, de l'autre le mal. Il existe différentes manières de voir un même sujet. Chacun réagit à sa manière face à un même événement et chaque approche est légitime et également valable. En résumé, le pluralisme fait partie de l'univers et il est clair que dans la grande majorité des domaines qui recouvrent les entreprises humaines, il n'y a pas de vision commune universellement acceptée. Pour accepter la réalité du pluralisme, il vous faut reconnaître au préalable que vous avez votre propre façon de voir que vous considérez comme bonne, mais qu'il en existe aussi d'autres qui sont tout aussi légitimes. Si seulement les terroristes et les fanatiques pouvaient prendre en compte cette réalité, le monde serait beaucoup plus sûr qu'il ne l'est aujourd'hui.

En résumé

En fin de compte, accepter la réalité telle qu'elle est implique d'adopter une perspective qui ne soit pas utopique. Par là, vous reconnaissez qu'il peut se produire des événements qui peuvent être positifs aussi bien que négatifs. Vous évitez l'écueil d'un optimisme béat et naïf qui vous ferait voir le monde comme dans la série *La petite maison dans la prairie* où l'avenir s'annonce toujours radieux et où aucun nuage ne vient assombrir l'horizon. Vous devez également vous garder d'une vision excessivement pessimiste de l'avenir où, d'après vous, les choses se passeraient forcément mal et où aucun élément positif ne viendrait mettre un peu de soleil dans votre vie. Celui qui adopte une vision non utopique des choses se focalise sur les aspects positifs de la réalité et essaie d'en tirer le meilleur parti. Il reconnaît les aspects négatifs mais s'efforce d'en minimiser la portée. En fin de compte, ce regard non utopique revient à reconnaître que le monde allie le bon et le mauvais et que rien n'est complètement tout mauvais ou tout bon.

ÉTAPE 4

Développer une philosophie de tolérance élevée à la frustration

Tout être humain est confronté à la nécessité de prendre des décisions qui ont des implications à court ou à long terme. Quand vous avez à prendre une décision qui vous permet de concilier vos objectifs à court et à long terme, vous ne rencontrez pas de difficulté particulière pour prendre la bonne décision. C'est lorsque vos intérêts à court terme entrent en conflit avec ceux à long terme que surgissent les problèmes. L'équilibre consiste à trouver un compromis constructif entre les objectifs à court terme et les objectifs à long terme. Si vous remettez toujours à plus tard la satisfaction de vos objectifs à court terme pour privilégier ceux à long terme, vous risquez de prendre peu de plaisir dans votre vie au quotidien. En revanche, si vous optez pour la satisfaction de vos objectifs à court terme et négligez les objectifs à long terme, vous vous sentirez bien sur le moment, mais vous vous rendrez compte au bout d'un certain temps que votre vie est vide et manque d'intérêt. Essayer d'équilibrer ces deux pôles à court et à long terme vous permet d'avoir le sentiment de poursuivre des objectifs qui en valent la peine et vous procure un certain degré de réconfort immédiat.

Au cours de mes vingt années d'expérience de psychothérapeute, j'ai constaté que l'une des choses les plus difficiles à acquérir est de parvenir à concilier la poursuite d'objectifs à long terme tout en supportant les inconvénients à court terme. Pourquoi est-ce si difficile de renoncer au plaisir et au confort immédiat quand cela même nous aiderait à enrichir et à améliorer notre vie ? La raison en est que bien souvent nous agissons conformément à une philosophie de faible tolérance à la frustration.

Voici les symptômes typiques de cette attitude :

- Fréquemment remettre à plus tard.
- Mener une vie manquant de discipline personnelle.
- Avoir souvent tendance à ne pas persévérer dans les tâches que vous avez tout intérêt à poursuivre.
- Ne pas avoir de routine pour éviter les embarras de la vie alors même que si vous faisiez face aux aléas du quotidien, vous pourriez augmenter vos chances de vivre mieux.

Ainsi, vous allez accumuler les factures impayées au fond d'un tiroir en faisant la politique de l'autruche. Vous risquez également de chercher à régler rapidement vos problèmes pour vous en débarrasser. Ainsi, vous allez manger comme un ogre, boire comme un trou, fumer comme un pompier, parier comme un pilier de casino et dépenser tout votre argent pour chasser vos idées noires.

Si vous vous reconnaissez dans cette description, il est fort probable que vous soyez tombé dans le piège que j'appelle le « piège du confort ». Si tel est le cas, vous pouvez être sûr que vous avez une philosophie de faible tolérance à la frustration. Quelles sont les principales croyances qui sont attachées à cette philosophie qui est sans doute celle qui va le plus à l'encontre du but recherché ?

Croyances liées à une philosophie de faible tolérance à la frustration

« À tout prix éviter la frustration »

La toute première croyance qui mène à l'échec est celle qui consiste à se dire qu'il faut à tout prix éviter la frustration, car elle a des conséquences terribles que vous n'êtes pas en mesure de tolérer. Cette croyance implique que lorsque vous êtes confronté à une frustration, votre première et parfois unique pensée consiste à essayer désespérément de vous en débarrasser le plus rapidement possible, quitte à devoir le payer très cher ultérieurement, par une frustration plus grande encore. Cependant, étant donné que votre unique préoccupation est de vous en débarrasser dans l'immédiat, vous vous moquez complètement des ennuis supplémentaires que vous rencontrerez plus tard.

« L'important, c'est d'être bien maintenant »
Une croyance qui découle de la précédente est l'idée qu'il est primordial de se sentir bien au moment présent et qu'il serait insupportable de ressentir une quelconque gêne. Avec une telle philosophie, si vous parvenez à vous sentir bien, vous ferez tout votre possible pour le rester, ce qui ne vous préparera certainement pas à accepter un inconfort passager, même dans votre intérêt.

Imaginez que vous vous prélassiez dans un bon fauteuil et que vous sachiez qu'une pile de vaisselle vous attend à la cuisine. Si vous pensez que rien n'est plus important que votre petit confort du moment, vous aurez un mal fou à vous extirper de votre fauteuil si confortable. Vous ne vous relèverez que quand il deviendra plus inconfortable pour vous de ne pas faire la vaisselle. Cela ne signifie pas que vous aurez changé de croyance, mais simplement que tout d'un coup l'idée de faire la vaisselle vous paraît plus confortable que l'idée de la laisser en attente. Si vous ressentez un tel besoin de confort, vous aurez sans cesse tendance à rechercher l'option la plus confortable qui se présente à vous, même si cela doit vous entraîner dans des situations problématiques à long terme.

« Surtout, ne pas ressentir de sentiments négatifs »
Si vous pensez qu'il faut à tout prix bannir les sentiments négatifs de votre vie, car sinon, vous ne pourriez pas le supporter, deux cas peuvent se présenter. Dans le premier, vous changerez vos habitudes pour éviter de vous retrouver dans des situations où vous risquez de ressentir des sentiments négatifs, même

si ceux-ci peuvent être sains, et même si cela vous permettrait de ressentir une plus grande satisfaction ultérieurement. Dans ce cas, votre vie est dominée par le principe de l'évitement et vous remarquerez qu'elle est un peu étriquée. Si seulement, vous dites-vous, le monde était plus beau et si seulement les gens étaient plus gentils avec moi, je pourrais me risquer à aller un peu plus loin. Parce que vous êtes convaincu que vous êtes incapable de supporter des sentiments négatifs, non seulement vous refusez de courir des risques qui seraient sains, mais également vous surestimez le niveau de négativité qui existe dans le monde. Par ailleurs, vous n'avez jamais envisagé la possibilité de faire face à des événements négatifs et de les surmonter. Votre pensée se focalise sur le refus de vivre des sentiments négatifs.

Dans le second cas, votre philosophie de faible tolérance à la frustration et aux sentiments négatifs pourrait bien accroître encore la douleur que procurent les sentiments négatifs quand ceux-ci sont inévitables. Cela se produit fréquemment en relation avec des sentiments d'anxiété. Vous êtes alors convaincu qu'il faut à tout prix éviter l'anxiété, que votre inquiétude serait horrible et que vous ne pouvez pas supporter cette perspective. Cette « peur d'avoir peur » ne fera que transformer votre anxiété en panique incontrôlée.

Ces deux types de manifestations vont souvent de pair. Cela vous amène à axer votre vie sur le principe de l'évitement chaque fois que possible et à transformer la peur en panique car il n'est jamais possible d'éradiquer complètement tout élément négatif de votre vie, encore moins dans votre imagination !

« Ne ressentir que des sentiments positifs »

Cette quatrième croyance enracinée dans une philosophie de faible tolérance à la frustration peut être formulée ainsi : « Je dois ne ressentir que du positif. Sinon, le quotidien est horrible et la vie insupportable. Je dois être toujours joyeux, en train de rigoler, et de bien m'amuser. » Si vous êtes comme cela, votre vie risque d'être marquée par un des nombreux schémas de pensée qui vont à l'encontre du but recherché. Tout d'abord, vous risquez d'être tenté par des substances ou des activités qui débouchent sur une addiction. Vous essaierez de trouver le bien-être en buvant de l'alcool, en fumant du cannabis ou en passant à l'héroïne ou à la cocaïne. Certains peuvent devenir accros des jeux de casino ou du shopping. Le problème bien sûr, c'est que le plaisir procuré par toutes ces activités ne dure qu'un temps ; il vous faudra alors augmenter les doses pour retrouver la sensation de plaisir une fois que l'effet de la précédente sera passé. Tant que vous n'arriverez pas à vous débarrasser de cette idée qu'il faut à tout prix que vous ressentiez du plaisir, vous êtes en grand danger d'autodestruction.

Il se peut que vous en arriviez à adopter un style de vie sans danger qui sera la conséquence de votre croyance selon laquelle vous devez impérativement vous sentir bien, ce qui signifie que vous en arriverez à mener une vie ennuyeuse. Si vous cherchez à tout prix à ne ressentir que des sentiments de bien-être, vous serez particulièrement sensible aux aspects négatifs que comportent même les activités agréables.

TÉMOIGNAGE

Simon, par exemple, qui aime jouer au tennis, s'imagine que la vie, ce ne doit être que du bonheur. Avant d'aller au tennis, il est tout excité car il a des idées fausses en tête. Il considère que le tennis, ce n'est que du plaisir. Cependant, son enthousiasme s'envole bien vite une fois sur le court, car même s'il aime cette activité, elle implique tout de même un certain degré de frustration. Si son partenaire est à peine un peu plus fort que lui, il s'ennuie rapidement, en particulier si son adversaire est moins doué que lui. En revanche, s'il joue contre quelqu'un de beaucoup plus fort que lui, il se décourage car il est battu. Par ailleurs, Simon répugne à ramasser les balles au filet et il est facilement frustré quand son adversaire lui renvoie à tort la balle alors que c'est à lui de servir. Les personnes comme Simon ne sont en réalité jamais satisfaites étant donné que toute activité, même agréable, comporte une part d'aspects frustrants.

Les gens comme Simon se polarisent sur les aspects négatifs, qu'ils voudraient mettre aux oubliettes, dont ils exagèrent intérieurement l'impact négatif, se privant ainsi de sources de satisfaction.

Remettre au lendemain

Après tout ce que je vous ai dit sur les quatre types de croyances mentionnées ci-dessus – « à tout prix éviter la frustration », « l'important, c'est d'être bien maintenant », « surtout, ne pas ressentir de sentiments négatifs », « ne ressentir que des sentiments positifs » –, vous comprendrez qu'il est bien logique d'être tenté de « remettre à plus tard ce que vous pouvez faire le jour même », comme dit le proverbe. Si vous remettez les choses à plus tard, vous trouverez toujours de bonnes raisons de ne pas vous mettre au travail que vous avez à faire aujourd'hui. Cependant, si vous êtes honnête avec vous-même, vous concéderez que ces « bonnes raisons » sont en réalité des excuses ou des arguments fallacieux. En voici quelques exemples :

1. Il faut que j'en aie envie pour me mettre au travail. Ceci est manifestement faux car bien souvent on se met au travail à contrecœur et l'envie vient en s'y mettant !
2. Il faut que je sois sous pression ou que je sois obligé de le faire pour m'y mettre. Là encore, ce n'est pas vrai. Si vous remettez à plus tard, vous vous mettez au travail quand vous ne pouvez plus faire autrement car il devient alors pénible de supporter l'idée de ne pas avancer. Cela ne signifie nullement qu'il faille absolument attendre d'être sous pression ou inquiet pour s'y mettre. Si vous aviez commencé plus tôt quand vous n'étiez pas encore sous pression, vous auriez eu plus de temps pour réfléchir de façon créative et par conséquent faire un meilleur boulot.

Il n'est pas sans intérêt de faire remarquer que le fait de remettre à plus tard comporte en soi une excuse facile à invoquer : si vous ne vous donnez pas suffisamment de temps pour mener à bien un travail qui est un peu bâclé, vous pourrez toujours dire que vous avez été pris par le temps. Cela vous évite de reconnaître que vous avez peut-être quelques carences dans vos connaissances ou dans vos compétences qui demandent à être renforcées. Étant donné que vous combattez ce genre d'informations menaçantes en vous donnant des excuses, vous risquez de ne pas tirer les leçons de l'expérience et de passer à côté d'une information importante.

Repousser votre seuil de tolérance à la frustration

Que pouvez-vous faire pour repousser votre seuil de tolérance à la frustration et mener une existence plus équilibrée ? La première chose à faire, qui est la plus importante, consiste à remettre en question les idées qui sont associées à une philosophie de faible tolérance à la frustration. Pour ce faire, vous devez prendre conscience des moments où vous évitez la frustration, des moments où vous recherchez le bien-être, des moments où vous évitez des situations où vous pourriez ressentir des sentiments négatifs et des moments où vous entamez des activités qui s'avèrent contre-productives dans le seul but de vous sentir bien dans l'instant. Ensuite, la démarche suivante consiste à traquer les attitudes qui en découlent, du type de celles-ci :

- « Je ne dois pas ressentir de frustration. »
- « Je dois me sentir bien. »
- « Je ne dois pas ressentir de sentiments négatifs. »
- « Je dois me sentir bien là maintenant. »

Il vous faut alors remettre en question ces attitudes à chaque fois qu'elles se présentent en vous posant trois questions. La première, la plus importante, est celle-ci : « Est-ce que cette philosophie me permet de mener une existence équilibrée, saine ou bien va-t-elle me causer des ennuis ou me mettre en difficulté vis-à-vis de personnes avec qui j'entre en relation et à long terme mener à la ruine de mes projets ? » Sans doute aurez-vous compris que les idées qui découlent d'une philosophie de faible tolérance à la frustration donnent quasiment toutes de piètres résultats à long terme.

La deuxième question est celle-ci : « Y a-t-il une loi de l'univers qui prouve que je dois absolument vivre sans connaître la frustration, l'inconfort, des sentiments négatifs ou qui démontre que mes conditions de vie doivent être telles que je dois toujours me sentir bien ? » Cette loi absolue n'existe que dans votre esprit. L'univers ne fonctionne pas sur ces bases-là. Si cela avait été le cas, vous auriez pu être satisfait : pas de frustration, des situations confortables en permanence, pas de sentiments négatifs puisque vous n'auriez aucune contrainte. Malheureusement, vos désirs ne sont pas des ordres et tant que vous considérerez que la frustration doit vous être épargnée, vous continuerez à aller à l'encontre du but que vous recherchez. Il faut à tout prix que vous vous en teniez à ce que vous préféreriez éviter ou avoir, ce qui est plus sain que de vouloir à tout prix. Cherchez à éviter les frustrations, et à ressentir du bien-être, mais en parvenant à un compromis salutaire entre vos objectifs à court terme et ceux à long terme.

Pour terminer, posez-vous cette question : « Est-il logique que parce que je préfère ne pas connaître de frustration, il est absolument impensable que je sois soumis à des frustrations ? » Là encore, quelques instants de réflexion vous aideront à réaliser l'insanité de cette question : vos désirs ne sont pas des ordres.

Il vous faudra remettre en question ces idées plus d'une fois et, plus difficile encore, il vous faudra agir en fonction de nouvelles croyances plus souples et plus équilibrées. Par conséquent, tout en remettant en question l'idée que vous devez éviter la frustration, il vous faudra agir selon l'idée que la frustration n'est certes pas souhaitable, mais qu'il faut nécessairement apprendre à la supporter si l'on veut parvenir à des objectifs plus importants. Aucune loi ne stipule que la frustration ne doit pas exister. Elle fait partie de la vie. Cette conviction vous aidera à surmonter les situations générant des frustrations quand cela est possible.

Ce travail sur vous-même comporte en soi un paradoxe. Le fait de repousser votre seuil de tolérance à la frustration est en soi un processus générateur de frustration et d'inconfort. Cependant, si vous êtes bien convaincu de l'intérêt et de la valeur de ce travail, vous parviendrez à supporter et à surmonter les difficultés qui surgiront.

Remettre en question l'idée que « c'est insupportable ! »

En second lieu, vous devez réfléchir à cette idée selon laquelle la frustration, l'inconfort, les sentiments négatifs et l'absence de sentiments positifs sont des idées insupportables que vous ne pouvez pas tolérer. Il est important de modifier cette façon de voir. Cette philosophie de l'insupportable a deux significations. Tout d'abord, cela signifie que vous allez tomber raide mort si vous faites l'expérience de la frustration, par exemple.

Deuxièmement, cela signifie que vous ne connaîtrez plus jamais de moment de bonheur si jamais il existait dans votre vie une once de frustration qui ne puisse être immédiatement neutralisée. Vous conviendrez avec moi que de telles situations extrêmes se produisent rarement, voire même jamais et qu'en fait vous pourriez très bien supporter ce que vous pensez ne pas pouvoir supporter.

Vous devez vous poser les trois questions que vous vous êtes déjà posées précédemment à propos de vos exigences.

- Premièrement, le fait de croire que vous ne pouvez pas supporter la frustration va-t-il vous aider à vivre de façon plus efficace ou bien cela va-t-il au contraire vous enfoncer ? C'est plus vraisemblablement la deuxième partie de la réponse qui va se produire.
- Deuxièmement, y a-t-il une loi de l'univers qui stipule que l'on ne peut pas supporter la frustration, etc. ? Si c'était le cas, vous seriez incapable de la supporter en quelque circonstance que ce soit, même pour sauver un être cher, par exemple. Sans doute, replacé dans ce contexte, vous rendez-vous bien compte que cette idée d'inaptitude à la frustration est vraiment insensée.
- Pour terminer, vous pouvez vous demander s'il est logique que la frustration soit impossible à tolérer tout simplement parce qu'elle est désagréable et difficilement tolérable ? Là encore, on retombe dans une généralisation abusive.

En résumé

Pour transformer votre philosophie de l'insupportable en une philosophie plus mesurée qui puisse être formulée ainsi : « je n'aime pas ça mais je peux le supporter », il faut que vous remettiez régulièrement en question vos idées sur votre faible tolérance à la frustration et que vous agissiez de façon à repousser le plus possible votre seuil de tolérance à la frustration jusqu'à ce que cela devienne une habitude.

Ce travail est sans doute l'un des plus importants, et malheureusement l'un des plus négligés en psychothérapie.

ÉTAPE 5

Adopter un regard sain sur soi-même

Les rayons de psychologie des librairies regorgent d'ouvrages axés sur l'art et la manière de mieux communiquer avec les autres. En revanche, bien peu d'ouvrages sont consacrés à l'art d'être en relation avec soi-même de façon bienveillante. Or, les relations que l'on entretient avec soi-même entrent en résonance avec les relations que l'on entretient avec les autres et avec le monde en général.

Si vous n'arrivez pas à vous faire aider pour vivre sereinement et harmonieusement avec vous-même, comment pouvez-vous espérer vivre en harmonie et en interaction avec les autres ?

En réponse à cette question, ce chapitre passe en revue les principaux ingrédients qui se combinent et permettent d'adopter un regard sain sur soi-même.

S'accepter

L'estime de soi et l'estime de soi conditionnelle

Le premier ingrédient important constitue le fait de s'accepter tel qu'on est. Un certain nombre d'entre vous seront certainement surpris d'apprendre que je ne suis pas d'accord avec le concept d'estime de soi. Pourquoi ? Il suffit d'en donner une définition un peu approfondie pour comprendre ce que je veux dire. Tout d'abord, qu'est-ce que soi-même ? Il est constitué par tout un ensemble de caractéristiques, de pensées, de sentiments, de comportements, de centres d'intérêt et plus encore qui sont propres à chacun. Par conséquent, pour avoir l'estime de soi, ce qui revient à porter une évaluation globale sur soi-même, il vous faut tout connaître sur vous-même depuis le jour de votre naissance jusqu'à votre dernière heure. Comment peut-on parvenir à engranger toutes ces informations impossibles à dénombrer ? En outre, quel est l'intérêt de porter sur soi-même une évaluation globale ? Cela vous servira-t-il à entrer au paradis ou à descendre aux enfers ? En tout cas, ce n'est pas cela qui va améliorer votre équilibre psychique car pour pouvoir se considérer comme une personne estimable, encore faut-il que tout chez soi soit estimable. Vous serez d'accord avec moi pour dire que personne ne peut prétendre à cela étant donné que les êtres humains sont par essence faillibles, ce qui signifie qu'ils peuvent commettre des erreurs et que chacun d'entre nous est un condensé de bon, de mauvais et de neutre.

Une autre raison pour laquelle je suis contre ce concept d'estime de soi tient au fait qu'en général, il est associé à des conditions. Par là, je veux dire que l'on se considère comme estimable (ou relativement méritant) dans la mesure où certaines conditions sont remplies. Ces conditions peuvent être de faire preuve de compétence, de gagner l'affection de personnes dignes d'intérêt, d'agir moralement, etc. Si vous vous considérez comme estimable (ou relativement méritant) tant que vous remplissez certaines conditions, qu'advient-il de vous si ces conditions changent ? Il est logique de penser que si l'on est une personne relativement estimable parce que l'on agit moralement, il s'ensuit que l'on est moins estimable si l'on agit de façon moins morale. Ce faisant, vous tombez dans le travers d'une généralisation abusive. Vous commencez par l'évaluation saine et salutaire de l'un de vos actes (par exemple en vous disant « à tel moment, j'ai agi de façon peu morale ») et vous passez aussitôt à une généralisation outrancière en faisant une évaluation globale de toute votre personne. Dans ce cas, vous vous mettez dans une catégorie, alors qu'un acte spécifique, ni même plusieurs ne suffisent pas à vous étiqueter ainsi.

Si vous adoptez une **philosophie d'estime de soi conditionnelle,** même quand vous vous considérez comme une personne estimable, qui fait preuve de qualités, par exemple, vous n'en demeurez pas moins anxieux, car, pour entretenir votre valeur, il vous faut perpétuellement agir avec savoir-faire. En tant qu'être humain faillible, il vous arrivera toujours de faire des erreurs et d'agir plus ou moins avec compétence. Ainsi, tant que votre estime de vous-même est conditionnée par votre savoir-faire, vous restez fragilisé par une anxiété sous-jacente et par d'autres émotions perturbatrices.

On peut substituer à cette estime de soi conditionnelle deux autres concepts qui donneront de meilleurs résultats au niveau des émotions et vous aideront à mener une vie plus équilibrée. La première est celle que j'appelle **l'estime de soi inconditionnelle**. Dans ce cas, on insiste toujours sur l'évaluation globale de la personne (avec tous les problèmes que cela peut engendrer, comme nous l'avons vu précédemment), mais à la différence près que l'estime de soi repose sur des conditions qui ne sont pas appelées à changer. Vous êtes une personne estimable du fait même que vous êtes en vie. Si vous êtes un tenant de cette philosophie, vous pourrez mener une vie équilibrée et si vous croyez à une vie après la mort, il vous suffit alors de réitérer ce postulat concernant votre valeur intrinsèque dans la vie éternelle ! L'autre solution consiste à vous considérer comme estimable tant que vous êtes un être humain. Étant donné qu'il y a peu de risques pour que vous vous transformiez en un être parfait ou que vous deveniez autre chose qu'un humain de votre vivant, cette position fonctionne aussi.

Ces deux conceptions posent cependant problème au plan philosophique. Quelqu'un pourrait vous rétorquer : « Eh bien, moi, je te trouve sans valeur justement parce que tu es en vie » ou bien « tu ne vaux rien car tu es un humain ». Vous voyez ainsi que votre postulat de vous considérer comme estimable du seul fait que vous êtes en vie repose sur un acte de foi. Si vous êtes prêt à faire cet acte de foi, il n'y a pas de problème. Vous pourrez mener une existence saine et équilibrée tant que vous adhérerez à ce postulat.

L'autre attitude, qui est plus risquée, mais selon moi, plus réaliste et plus gratifiante, consiste à vous abstenir de toute évaluation globale de vous-même. Dans ce cas, vous reconnaissez qu'en tant qu'être humain votre nature est trop complexe pour faire l'objet d'une seule évaluation, et si vous le faisiez, vous tomberiez dans le piège de la généralisation abusive et vous vous mettriez dans une catégorie qui ne correspond à rien. Il s'agit au contraire d'accepter d'être un être humain faillible avec toute sa complexité, ses qualités et ses défauts, et ses caractéristiques neutres. Vous pourrez ainsi mettre en valeur vos qualités et vous efforcer de réduire autant que possible vos défauts sans pour autant les éliminer complètement. N'oubliez pas cependant que vous n'arriverez jamais complètement à maîtriser cette philosophie d'acceptation de vous-même. Pourquoi ? Parce que vous êtes humain, tout simplement, et qu'en tant que tel, vous avez des prédispositions innées à la généralisation sans garantie et que dans certains cas, vous serez prompt à privilégier un aspect de vous-même qui vous servira à évaluer toute votre personne. De façon réaliste, vous pouvez vous efforcer de réduire (plutôt que d'éliminer) vos tendances à l'autoévaluation et à développer au maximum l'acceptation de vous-même (qui ne sera jamais parfaite).

J'ai déjà mentionné à l'étape 1 de cet ouvrage qu'acceptation ne signifie pas résignation et je tiens à le rappeler ici. Quand je vous encourage à vous accepter tel que vous êtes, un être humain faillible, qui peut se tromper et faire des erreurs, je ne vous encourage certainement pas à vous résigner à être tel que vous êtes sans chercher à modifier certains aspects de vous-même qui vous desservent et sans chercher à développer au maximum les aspects positifs de votre personnalité. Au contraire, je considère que la philosophie d'acceptation de soi-même peut être un levier pour vous aider à changer certains aspects de vous-même.

Elle ne mène certainement pas à la résignation et au découragement.

Mettre en valeur sa personnalité

En tant qu'être humain, vous devez tout d'abord commencer par reconnaître que vous êtes une personne *unique*. Plus jamais dans le monde, il n'y aura une autre personne qui aura votre conjonction de traits de caractère, vos compétences, vos forces et vos faiblesses. À l'occasion de mes conférences sur la manière de porter un regard sain sur soi-même, je dis à mes auditeurs que vraisemblablement plus jamais aucune autre personne n'aura la même combinaison de goûts que moi. J'aime bien, par exemple, regarder les matchs de boxe à la télé, j'adore la *soul music*, avec un faible pour les tubes de Ray Charles et Otis Redding. J'aime également les airs d'Al Jolson et je suis un fan des Marx Brothers. Je suis supporter de l'Arsenal Football Club, je dévore les bouquins de Bob Morane et je suis intarissable dès qu'il s'agit de psychothérapie et d'apprendre à gérer les émotions. Je doute que l'on puisse rencontrer quelqu'un d'autre qui ait la même combinaison de centres d'intérêt. À partir de là, je peux soit me réjouir de ma personnalité unique au monde, soit me considérer comme un anormal et un marginal. Je préfère la première solution car elle est plus saine, plus en adéquation avec la réalité et constitue une approche plus logique, et plus réaliste de la vie. De même, je vous invite à considérer le foisonnement de tout ce qui fait votre personnalité à nulle autre pareille, et donc exceptionnelle.

Quand j'étais plus jeune, je croyais que certains centres d'intérêt étaient bons et d'autres mauvais. Ainsi, je croyais, par exemple, qu'il fallait que j'apprécie les œuvres de William Shakespeare et la musique classique et que je devais me détourner de mon goût pour les opérettes et la boxe professionnelle. Dans cette optique, j'apprenais à nier ma propre personnalité et à avoir honte de certains de mes goûts. Cette époque est bien révolue. Je suis convaincu que tant que vous êtes passionné par quelque chose qui ne fait de tort ni à soi, ni à d'autres, ni aux animaux, ni à l'environnement, il n'y a pas de mal à se faire du bien en s'intéressant à tel ou tel domaine même si d'autres réprouvent vos goûts. Ainsi, si vous avez une passion pour les trains électriques, ne vous laissez pas détourner de votre hobby par des grincheux qui veulent vous en éloigner. Si vous adorez faire des réussites, pas de problème. Donnez-vous-en à cœur joie. Tâchez de rencontrer d'autres personnes qui partagent la même passion que vous et prenez du bon temps avec eux. Ne vous laissez pas détourner par l'idée que vous ne devriez pas avoir ces goûts-là car cette façon de voir les choses ne correspond à rien dans la réalité. Elle est irraisonnée et travaille contre vous. Tournez-vous vers les centres d'intérêt qui sont vraiment les vôtres, et donnez-vous à fond dans les domaines qui vous plaisent.

Mettez en valeur toute la palette de vos traits de caractère. Apprenez à connaître les traits de votre personnalité et recherchez des environnements propices à leur épanouissement. Évitez autant que faire se peut, sans que cela vous soit trop difficile, les environnements qui répriment l'expression de votre personnalité. Ceci est très important à prendre en compte au moment du choix de votre orientation professionnelle, d'une formation ou d'un poste. Si vous êtes plutôt de tempérament extraverti, par exemple, il vaut peut-être mieux que vous évitiez les métiers où vous ne pourrez pas laisser aller votre naturel (comptable, fonctionnaire ou conservateur de musée, par exemple). De même si vous êtes plutôt introverti, vous risquez de ne pas être à l'aise dans les métiers où il faut s'exprimer (arts du spectacle, vente, ou autre métier de relation avec les autres). Même s'il y a toujours des exceptions à toute règle, il est important de bien connaître les traits de votre personnalité de manière à faire un choix raisonné des environnements qui seront les plus propices à l'éclosion de vos potentialités.

Si vous n'y voyez pas très clair sur ce point, vous aurez tout intérêt à rencontrer des professionnels de l'orientation qui exercent dans des cabinets reconnus et vous aideront à découvrir les formations qui vous permettront d'exprimer au mieux votre faisceau unique de centres d'intérêt et de traits de caractère.

S'intéresser à soi, une priorité à respecter

Qui d'autre mieux que vous pourrait mettre ses intérêts au-dessus des siens ? Il est donc sain et logique que vous y veilliez vous-même. Si jamais vous trouviez quelqu'un qui cherche constamment à faire passer vos intérêts au-dessus des siens, vous risqueriez de rencontrer des problèmes. Il est fort probable que vous ayez affaire à une personne qui a une piètre opinion d'elle-même, sans doute un grand besoin d'être épaulée et qui fera tout pour vous plaire. En fin de compte, vous vous retrouverez piégé dans une relation qui sera étouffante et accaparante.

Suis-je égoïste si je m'intéresse à moi ?

Je ne suis pas en train de vous dire d'être égoïste. Loin de là. L'égoïsme consiste à se mettre en premier systématiquement sans tenir compte des intérêts et des désirs des autres personnes avec lesquelles vous êtes en relation en trouvant normal qu'eux s'adaptent à votre vision narcissique et autocentrée. Quand je dis qu'il faut savoir fixer des priorités et s'intéresser à soi avant de s'intéresser aux autres, cela signifie que vous assumez la responsabilité de vous-même et de vos intérêts sans perdre de vue vos interactions avec les autres, en respectant leurs intérêts et en honorant les engagements que vous avez pris. En parlant de « priorité à respecter », je ne veux pas dire que vous devez toujours passer avant les autres. Il peut arriver parfois que vous fassiez passer les intérêts d'une autre personne avant les vôtres, par exemple s'agissant de vos enfants qui ne vous ont pas demandé à venir au monde. Même dans ce cas, les discours que l'on entend en ce moment disent que les enfants s'épanouissent quand ils sentent que leurs parents s'occupent sainement de leurs affaires sans qu'elles soient subordonnées aux intérêts de leurs enfants. L'art de fixer les priorités est ainsi lié à la souplesse d'esprit. Chacun s'occupe de ses propres centres d'intérêt, non pas de façon égoïste, ni sans tenir compte des centres d'intérêt des autres, mais de façon souple, en s'adaptant de façon responsable aux exigences dictées par telle ou telle situation en particulier.

Savoir fixer ses priorités

L'art de fixer les priorités repose sur la mise en place et la surveillance de barrières saines. En tant qu'être humain, vous devez faire attention à votre santé physique (voir plus loin). Vous devez prendre soin de votre bien-être psychique et vous garder un peu de temps pour réfléchir tranquillement tout seul. Étant donné que chacun est impliqué dans des interactions avec d'autres personnalités, il est important et salutaire de prendre en compte cette nécessité. En outre, il est fort probable que vous avez à travailler pour « gagner votre croûte », ce qui implique que vous devez vous décharger d'une partie de vos responsabilités sur vos employeurs. En outre, vous avez peut-être des hobbies, des passions et vous êtes peut-être engagé dans des associations. Si vous ne mettez pas de barrières, ni de limites entre toutes ces activités, vous risquez fort de vous retrouver débordé, ce qui se répercutera sur votre bien-être physique et psychique et vous empêchera de trouver le temps de réfléchir en solitaire.

Si vous êtes dans ce cas, je vous engage à prendre en considération, toutes les responsabilités et les activités que vous assumez et de planifier le temps que vous allez consacrer à chacune. Cela implique, bien sûr, que vous réfléchissiez sérieusement à vos priorités et que vous y consacriez du temps en qualité et en quantité en fonction de vos responsabilités. Pour cela, il vous faudra gérer votre temps de façon efficace, ce qui est le propre des personnes équilibrées.

Témoignage

Prenons le cas de l'un de mes patients, Alexandre. Il affirmait que dans sa vie, sa femme et ses enfants passaient avant tout. Or, quand j'ai cherché à savoir combien de temps il leur consacrait par rapport au temps qu'il passait avec ses amis ou à la pratique de ses loisirs ou au travail, il a été consterné de voir qu'il consacrait bien peu de temps à sa famille. Il pensait, comme malheureusement beaucoup de gens, que parce qu'il avait une attitude bienveillante vis-à-vis des siens, cela suffisait et qu'il n'avait pas besoin de passer du temps avec eux. J'ai aidé Alexandre à réorganiser sa vie de manière à ce qu'il gère son temps d'une façon qui reflète ses priorités. Cela a eu pour conséquence qu'il a privilégié certaines activités qui lui plaisaient et qu'il a passé moins de temps à d'autres. Avec du recul, Alexandre considère qu'il est aujourd'hui plus heureux et plus équilibré. Pour cela, il a fallu qu'il apprenne à réaménager son temps en fonction de ses valeurs et à mettre des barrières autour de ses activités. Ce n'est qu'à partir de ce moment-là qu'il a commencé à retrouver le bonheur que procure le fait de remettre de l'ordre dans ses priorités.

C'est une banalité de dire que l'on ne vit qu'une fois. Pourtant les gens se comportent parfois comme s'ils allaient avoir plusieurs vies. « Je ferai cela plus tard », disent-ils. Si vous faites partie de ceux-là, vous aurez à faire face au décalage qui existe entre les priorités que vous affichez et la manière dont vous vivez en réalité aux moments cruciaux où l'idée de la mort se manifestera dans votre vie (quand vous vous rendrez compte que vous êtes surmené ou que vous avez une maladie grave). Combien de fois avez-vous lu des témoignages de personnes qui déclarent que la maladie les a aidées à prendre du recul et à repenser l'orientation de leur vie ? Il n'y a pas besoin de faire des expériences aussi radicales pour reconsidérer vos priorités, pour apprendre à mettre des barrières autour de vos responsabilités et de vos activités et choisir de vivre selon les valeurs et les préférences que vous affichez. Réfléchissez-y.

Honorer ses engagements envers soi-même

Nombreux sont ceux qui sont tentés de faire passer d'autres personnes et d'autres activités avant eux. Ils ont parfois des plans pour faire certaines choses : écrire un roman ou voyager, par exemple. Ils peuvent même respecter leur planning, mais à quel rythme honorent-ils leurs engagements vis-à-vis d'eux-mêmes dans le sens où ils s'engagent vraiment dans l'action ? Encore une fois, combien de fois avez-vous entendu des gens dire « si seulement je pouvais revenir en arrière, je ferais telle ou telle chose différemment » ? Je ne veux pas avoir l'air macabre, mais il est très instructif de s'imaginer sur son lit de mort. Quels souhaits ou quels regrets exprimeriez-vous à ce moment-là ? Notez-les par écrit et prévoyez d'honorer vos engagements envers vous-même tant qu'il en est encore temps. Évitez le piège des « ah, si seulement… » et acceptez de regarder la dure réalité en face qui est que vous ne pourrez pas tout faire dans cette vie terrestre. Fixez-vous des priorités. Acceptez que peut-être les activités qui ont une priorité faible ne voient peut-être jamais le jour. En revanche, décidez de vous impliquer à fond dans les activités qui vous tiennent à cœur et honorez vos engagements dans ce sens.

Prendre soin de son corps et de sa santé

Vous avez certainement déjà entendu dire que la santé physique conditionne la force mentale. En fait, ce n'est pas forcément vrai. Je connais des personnes qui sont terrassées par des maladies invalidantes, mais on dirait que cela renforce leur moral et, paradoxalement, elles abordent la vie de façon plus positive que si elles n'avaient pas fait l'expérience de la maladie. Néanmoins, il est également vrai que si l'on ne fait pas suffisamment attention à sa santé physique, on peut perdre de sa vitalité, ce qui peut avoir un retentissement négatif au plan émotionnel.

Prenez conscience qu'il est important de faire attention à son corps et à son bien-être physique. Rassurez-vous, je ne vais pas vous faire un cours sur les méfaits de l'alcool, du tabac et d'autres substances qui prises en excès peuvent vous faire du mal. Je risquerais de vous donner envie de refermer tout de suite ce livre. Je ne vais pas non plus vous faire un cours sur la nécessité de s'inscrire à un club de sport ou de faire de l'exercice plusieurs fois par semaine. Je ne le ferai pas pour deux raisons. Tout d'abord, parce qu'en tant que psychothérapeute, je ne suis pas qualifié pour le faire. Deuxièmement, parce que je ne veux pas vous faire la morale. Toutefois, il y a une chose que je tiens absolument à vous dire. C'est qu'il est, ô combien, important d'accorder un minimum d'attention à votre bien-être physique car si vous ne le faites pas, vous risquez davantage de voir votre santé se dégrader plus tard, ce qui risque d'avoir des répercussions négatives sur votre équilibre psychique.

Là encore, comme en d'autres domaines, il est important de faire preuve de souplesse d'esprit et de modération. Ne soyez pas des stakhanovistes des salles de sport. À l'inverse, ne supprimez pas non plus tout exercice physique. Je vous conseille d'aller voir votre médecin ou peut-être un nutritionniste qui vous aide à élaborer un régime alimentaire modéré, assorti d'un programme d'exercices raisonnable qui vous permette de rester suffisamment en forme pour le restant de vos jours.

Je vous recommande également de prendre conscience de vos fragilités sur le plan de la santé et de tenir compte des mesures correctrices ou préventives que vous préconiseront les médecins spécialistes ou les nutritionnistes. Nous avons souvent tendance à vivre comme si nous étions protégés des crises cardiaques, du cancer ou d'autres maladies graves. Ce n'est souvent qu'après en avoir fait la douloureuse expérience que nous sommes prêts à modifier notre style de vie. Je vous le redis, sans devenir obsédé par la santé, ni suivre toutes les dernières tendances à la mode dont les magazines se font l'écho, réfléchissez sérieusement à ce que vous pouvez faire pour prévenir ces maladies. On ne peut pas s'en prémunir avec certitude, cependant, un minimum de prévention aujourd'hui peut être plus utile qu'une armada de soins médicaux plus tard.

Cultiver son propre jardin secret

Cultiver son propre jardin secret, cela veut dire se faire plaisir à soi-même comme si l'on voulait gâter quelqu'un que l'on aime bien. Il est frappant de voir que l'on nous cite souvent l'exemple de personnes qui apportent tant de bienfaits autour d'elles. En revanche, on nous parle rarement de personnes qui cultivent leur propre jardin secret de façon bénéfique et saine. Je vais vous donner un exemple pour illustrer mon propos. J'adore écouter les chants grégoriens que je trouve très apaisants. Une fois par jour, je m'arrange pour en écouter pendant vingt minutes. Pour vous, peut-être, ce serait tout sauf de la détente. Je ne vais pas vous vanter les mérites du chant grégorien ! Ce que je veux vous inciter à faire, c'est de découvrir par vous-même les activités ou les occupations auxquelles vous pouvez pratiquer régulièrement qui sont pour vous un délassement ou une nourriture intérieure. Ce peut être par exemple d'aller régulièrement vous faire masser ou une balade en forêt. Comme je l'ai déjà fait remarquer dans cet ouvrage, la diversité des êtres humains est telle que leurs centres d'intérêt sont infinis. C'est pourquoi chacun peut avoir envie de cultiver son jardin secret à sa façon. C'est à vous de découvrir les activités que vous pouvez faire en solo ou avec d'autres, ou bien que les autres peuvent faire pour vous, qui vous font du bien, vous apportent quelque chose et consacrez-y régulièrement du temps. Vous serez surpris de l'impact que cela aura sur votre moral.

S'efforcer de vivre selon ses critères, ses valeurs, son code éthique

Pas d'affolement, je ne vais pas vous faire un sermon ! Je vous engage simplement à réfléchir sérieusement à ce que vous considérez comme vos critères moraux, vos valeurs et vos principes et à tout faire pour vivre en accord avec. Nous sommes tous humains et, bien sûr, il arrive de temps en temps que l'on fasse des entorses aux principes selon lesquels on voudrait vivre. Dans ce cas, il faut savoir s'accepter et tirer les leçons de l'expérience.

J'ai cependant souvent constaté que les personnes les plus heureuses sont celles qui vivent raisonnablement en accord avec leurs critères, leurs valeurs, leur code éthique. Elles ont le sentiment d'apporter leur contribution à la construction du monde dans lequel elles aimeraient vivre. Elles se montrent plus en paix avec elles-mêmes que d'autres qui ont pris l'habitude d'aller à l'encontre des principes et des valeurs auxquels elles attachent de l'importance.

S'efforcer d'être authentique

Avouons-le, il est extraordinairement difficile d'être authentique dans le monde d'aujourd'hui, si complexe. Les sociologues soulignent que l'on est constamment incité à jouer un rôle, à mettre des masques et à cacher nos sentiments véritables en vue d'une efficacité supérieure. Il serait à cet égard vain de ma part de prétendre que vous pouvez échapper à la pression qui s'exerce en ce sens. Néanmoins, je suis convaincu que l'on peut tout de même préserver un minimum d'authenticité, même soumis à cette pression.

Je voudrais ici discuter de deux formes d'authenticité.

Être authentique avec soi-même

En premier lieu, il s'agit d'être authentique avec soi-même. Je veux dire par là qu'il faut être honnête avec soi-même et ne pas essayer de se cacher ses véritables sentiments en s'efforçant de vivre selon un idéal imaginaire qui est tout sauf humain (ce qui est le meilleur chemin pour être étranger à ses propres sentiments véritables). Il est évidemment plus facile d'être honnête avec soi-même si l'on a réussi à maîtriser autant que cela est humainement possible la philosophie d'acceptation de soi dont j'ai parlé précédemment dans ce chapitre. Avant d'aller plus loin, vous serez peut-être tenté à ce stade de revenir en arrière et de relire ce passage sur l'acceptation de soi. Partant du fait que vous arrivez déjà relativement bien à vous accepter tel que vous êtes, vous devez prêter attention à vos sentiments et aux valeurs, aux pensées et aux croyances qui sont vraiment les vôtres. N'essayez pas de vous convaincre que vous êtes quelqu'un d'autre. Les gens qui sont en paix avec eux-mêmes reconnaissent qu'ils ont des limites et sont capables, de façon détendue mais déterminée, de les regarder en face. En revanche, les gens qui ne sont pas clair avec eux-mêmes soit nient leurs défauts et leurs failles, soit les projettent sur les autres, soit encore essaient de les changer de façon désespérée.

Être authentique avec les autres

Il est également tout aussi important d'être authentique avec les autres. Dire honnêtement ce que l'on aime et ce que l'on n'aime pas, en particulier au début d'une relation, peut épargner beaucoup de peines de cœur et de temps gâché. Combien de fois avez-vous fait bonne figure – souvent de façon hypocrite – devant les autres parce que vous pensiez qu'ils ne vous accepteraient pas si vous vous montriez sous votre vrai jour ? Aussi surprenant que cela puisse paraître, à la base de la peur d'être authentique avec les autres se cache souvent un déficit d'acceptation de ses propres faiblesses. Une fois que vous vous acceptez tel que vous êtes, vous êtes davantage prêt à être authentique avec les autres. S'ils vous rejettent, c'est bien triste, certes, mais il vaut mieux que ce soit au début de la relation plutôt qu'après avoir caché pendant trop longtemps vos véritables sentiments.

En résumé

Attention, je ne suis pas en train de vous inciter à être insensible, dur ou grossier avec les autres. Je considère que vous êtes tout à fait capable de vous dévoiler avec tact et de faire connaître vos sentiments, même s'ils sont négatifs. Je ne suis pas en train de prôner une forme d'authenticité qui consisterait à se laisser aller à dire tout ce qui vous passe par la tête, à crier et à étaler vos sentiments, car ce genre d'attitude est malsain pour vous comme pour ceux qui sont destinataires de ce genre de comportement immature. Je vous invite plutôt, et j'y reviendrai ultérieurement, à faire connaître vos sentiments honnêtement, mais avec délicatesse et attention. Ici, comme ailleurs, il faut faire preuve de souplesse d'esprit pour exprimer votre authenticité !

ÉTAPE 6

Ne pas repousser les émotions négatives saines

Vous trouvez peut-être surprenant de découvrir dans cet ouvrage destiné à promouvoir la pensée positive, un chapitre vous incitant à ne pas repousser les émotions négatives qui peuvent vous assaillir. Néanmoins, il me paraît important de chasser toutes les idées que vous pouvez vous faire selon lesquelles les personnes qui sont équilibrées ne ressentent que des émotions positives ou réagissent calmement aux événements négatifs de leur vie. Cette façon de voir les choses ne correspond absolument pas à la réalité. En fait, s'il existe des personnes qui ne ressentent que des émotions positives, cela signifie soit qu'elles n'ont jamais rencontré d'obstacles dans leur vie, soit qu'elles réagissent face à l'adversité par des attitudes positives inappropriées. Dans la mesure où les sentiments découlent des attitudes et des croyances que l'on a (que nous regroupons ici sous le terme de « philosophies »), celui qui ressent positivement les événements négatifs qui lui arrivent a, certes, une attitude positive mais qui n'est pas conforme à la réalité.

Exemple : le concours de poésie

Supposons, par exemple, que vous preniez part à un concours de poésie et que l'on vous annonce que vous faites partie des candidats retenus pour la sélection finale. Vous êtes tout excité car vous avez très envie d'obtenir le premier prix : c'est très important pour vous. Voilà que vous recevez une lettre vous annonçant que finalement vous n'avez pas obtenu ce premier prix. N'est-ce pas irréaliste de penser : « Super, je suis content de n'avoir pas eu le premier prix » ? C'est en tout cas comme ça qu'il faudrait penser pour ressentir des émotions positives à l'occasion de ce prix manqué. Voyons maintenant un autre cas de figure : vous pouvez très bien ressentir des sentiments ambivalents, à la fois positifs et négatifs, dans la même situation, et cela ne pose aucun problème. Vous pouvez vous dire, par exemple, « je regrette bien de n'avoir pas gagné le concours, mais je suis tout de même rudement content d'avoir été finaliste ». Le point important à remarquer ici est le suivant : le fait de regretter de n'avoir pas eu le premier prix entraîne un sentiment de déception qui est une émotion négative saine. Même si elle est négative dans la mesure où cela ne fait pas plaisir, elle est saine car elle vous permet de vous ajuster à l'événement négatif, de le gérer et d'avancer.

Supposons maintenant que vous soyez calme ou indifférent en apprenant que vous n'avez pas eu le premier prix convoité. Pourquoi cela ne serait-il pas un exemple de bon équilibre psychique ? À l'étape 2, j'ai expliqué que tout être humain est un amalgame complexe de désirs multiples. On veut que certaines choses arrivent et d'autres pas. Quand on reçoit une mauvaise nouvelle (ici, le fait de n'avoir pas obtenu le premier prix de poésie), cela engendre une frustration du désir. Par conséquent, il est sain à ce moment-là de ressentir un sentiment négatif, tel que la déception.

Pour ne rien ressentir (calme ou indifférence) en apprenant que vous n'avez pas eu le premier prix du concours, il faudrait que votre attitude intérieure soit en conformité avec votre sentiment, ou dans le cas présent, votre absence de sentiment. Il faudrait alors qu'il vous soit en fait indifférent de gagner ou de perdre au concours de poésie. Voilà qui ressemble fort à un mensonge envers soi-même ou à une illustration de ce que les psychologues appellent le mécanisme du déni. Quand vous faites preuve ainsi d'indifférence, vous êtes comme le renard de la fable qui ne peut atteindre les raisins qu'il convoite. Souvenez-vous : le renard regarde les raisins avec envie mais ne peut les attraper. Plutôt que d'en conclure qu'il vient de vivre une déception et que peut-être il lui faut envisager d'autres solutions pour parvenir à ses fins, le renard conclut qu'en fait il ne veut pas des raisins car, de toute façon, « ils sont trop verts » !

Vous voyez ainsi pourquoi je dis que certaines émotions négatives sont saines et la marque d'un bon équilibre psychique. Celui qui ne ressent que des émotions positives risque fort de vivre positivement des événements négatifs, faisant ainsi preuve d'un manque de réalisme. Réagir avec indifférence à certaines situations qui vous concernent personnellement revient à se mentir à soi-même et à nier ce qui est réellement important pour soi.

Dans la suite de ce chapitre, je vais approfondir ce que j'entends par émotions négatives saines et montrer dans quelle mesure celles-ci reposent sur des attitudes saines abordés aux étapes 2 à 5. Je les comparerai aux émotions négatives qui, elles, ne sont pas saines car elles reposent sur des attitudes malsaines (voir les étapes 2 à 5). Je vous conseille de relire les pages concernant les attitudes saines et malsaines que j'ai déjà traitées. En voici un bref récapitulatif avant d'aller plus loin.

Selon moi, les émotions négatives saines que je passe ici rapidement en revue dérivent de l'une ou l'autre des philosophies décrites ci-dessous :

- Une philosophie caractérisée par la souplesse d'esprit vis-à-vis des désirs.
- Une philosophie aux antipodes du catastrophisme, couplée à une acceptation de la réalité.
- Une philosophie de tolérance élevée à la frustration.
- Une philosophie d'acceptation de soi et des autres.

Les émotions négatives malsaines dérivent de l'une ou l'autre des philosophies suivantes :

- Une philosophie caractérisée par la rigidité des exigences et le dogmatisme.
- Une tendance au catastrophisme qui vous pousse à perdre le sens de la mesure.
- Une philosophie de faible tolérance à la frustration qui vous pousse à rechercher le plaisir à court terme au détriment d'objectifs à long terme constructifs.

- Une philosophie de dénigrement de soi et des autres où l'on se critique soi-même pour ses propres maladresses, erreurs et faiblesses, et où les autres ne sont pas épargnés non plus.

Préoccupation et anxiété

En présence de ce que l'on perçoit comme une menace à sa sécurité, à son bien-être ou à l'opinion que l'on a de soi, il est sain d'être préoccupé. Si vous vous contentez d'enfouir la tête dans le sable en faisant comme si la menace n'existait pas, vous n'arriverez pas à lui faire face et à la gérer. D'un autre côté, si l'anxiété vous fait perdre la tête, vous n'y arriverez pas non plus. Le fait d'être préoccupé découle de la philosophie suivante : « Si la menace existe, c'est bien parce que toutes les conditions sont malheureusement réunies pour qu'elle s'installe. Ce serait mieux si elle n'était pas là, mais il n'y a aucune loi dans l'univers qui stipule qu'elle ne doive pas exister. En outre, certes, il n'est pas bon que cette menace existe, mais ce n'est pas affreux. Je suis capable de supporter la situation telle qu'elle est avec la menace qui pèse sur elle éventuellement et même dans ce cas, je m'accepte tel que je suis. »

L'anxiété, en revanche, est le pendant malsain de la préoccupation face à une menace. Celui qui est anxieux face à telle ou telle menace se dit que ça n'est pas possible, que cela ne peut pas être et que ce serait terrible si cela arrivait, qu'il ne peut pas le supporter, en particulier si la menace porte sur l'opinion qu'il se fait de lui. Il se dit alors que si cette menace devait se concrétiser, cela voudrait dire qu'il ne vaut rien.

À l'inverse, il est sain de ressentir de la préoccupation car :

- Elle permet de reconnaître que la menace existe.
- Elle permet de penser clairement et d'envisager des mesures constructives pour gérer l'éventuelle réalisation de la menace ou trouver des solutions pour se valoriser autrement dans le cas où l'on ne peut pas supprimer totalement la menace qui pèse.

UNE EXPÉRIENCE : LA PHOBIE DES ARAIGNÉES

Dans le cadre d'une étude, j'ai demandé à un groupe de sujets d'adopter une attitude négative mais réaliste et saine vis-à-vis des araignées. Ce groupe devait adopter la pensée suivante : « Je préférerais ne pas voir d'araignées, mais si j'en vois une, ce sera regrettable mais pas terrible. Ce n'est pas agréable de voir une araignée, mais c'est supportable. » Le second groupe devait adopter une attitude irrationnelle malsaine envers les araignées. Les personnes de ce groupe devaient avoir la pensée suivante : « Il faut à tout prix que j'évite de voir une araignée. Si j'en vois une, ce sera horrible et insupportable. » Les deux groupes devaient imaginer qu'ils pénétraient dans une pièce où il y avait au moins une araignée ; ils devaient alors répondre à toute une série de questions sur le nombre d'araignées probablement présentes dans la pièce, leur taille et la direction dans laquelle elles se déplaçaient.

En outre, la préoccupation a l'avantage par rapport à l'anxiété de ne pas surestimer le degré de gravité de la menace ou du danger. C'est ce que je me suis attaché à démontrer dans mes travaux de recherche.

Vous ne serez pas surpris d'apprendre que par rapport au groupe qui devait adopter une attitude rationnelle, saine, celui qui devait adopter une attitude irrationnelle et malsaine vis-à-vis des araignées a imaginé qu'il y avait davantage d'araignées, qu'elles étaient plus grosses et plus susceptibles de s'avancer vers eux. Cette expérience prouve que quand on a une attitude malsaine empreinte d'anxiété, on a tendance à surestimer la menace qui se présente. On a également tendance à sous-estimer sa capacité à surmonter cette menace. Par contre, celui qui manifeste de la préoccupation non teintée d'anxiété ne surestime pas la menace et ne sous-estime pas sa capacité à y faire face.

Tristesse et dépression

Quand il vous arrive de perdre quelque chose ou quelqu'un que vous aimez beaucoup, une personne, un animal de compagnie ou un espoir qui paraît envolé à tout jamais, il est sain de ressentir de la tristesse. Minimiser l'importance de cette perte ne vous aidera pas à faire vôtre cette expérience, à recharger vos batteries et à avancer dans la vie de façon constructive. D'un autre côté, il n'est pas sain non plus que cette perte vous fasse déprimer car la dépression vous empêche de prendre des mesures et vous bloque psychologiquement.

La tristesse d'avoir perdu (ou échoué à) quelque chose provient de l'idée que la perte encourue est regrettable, mais il n'y a aucune loi dans l'univers qui stipule qu'elle ne doive pas exister. Ce qui est arrivé est arrivé. C'est regrettable, mais ce n'est pas terrifiant. C'est supportable et ne reflète en rien ce que vous valez en tant que personne.

Cependant, quand la dépression vous gagne suite à la perte d'un être cher ou de quelque chose d'important pour vous, vous en arrivez à croire que cette perte n'aurait pas dû avoir lieu, que c'est au-delà du supportable et met en valeur vos manques et vos carences.

Si vous êtes triste, sans être déprimé, à cause d'une perte (ou d'un échec), vous ne perdez pas espoir dans l'avenir. Vous prenez en compte que l'expérience que vous venez de subir fait partie du processus complexe de la vie et qu'il est important de replacer cela dans le contexte plus large de l'expérience humaine. À l'inverse, si vous êtes déprimé, vous avez plutôt tendance à perdre espoir. Sans espoir pour l'avenir, vous risquez de penser au suicide. La vie perd son sens du fait que vous n'acceptez pas la réalité de la perte subie (ou l'échec).

La tristesse aide à faire son deuil pour avancer et prendre des mesures constructives. La dépression contribue soit à inhiber le processus de deuil soit à l'aggraver. En outre, elle vous détourne de toute action constructive, vous étouffe par d'autres qui sont nocives. Ainsi, il est primordial de laisser monter la tristesse en soi en cas de perte ou d'échec, mais sans se laisser envahir par des sentiments dépressifs. Pour y parvenir, il faut identifier et remettre en question les pensées irrationnelles qui sont sous-jacentes à l'émotion négative destructrice.

Contrariété et colère

Quand vous ressentez une frustration du fait de l'attitude ou des paroles de quelqu'un d'autre, ou que vos façons de penser sont contestées ou contrecarrées, il est là encore malsain de tendre l'autre joue, de vous montrer aimable et attentionné avec cette autre personne, voire indifférent à son comportement. À mon sens, dans ce cas de figure désagréable, il est sain que vous soyez contrarié (mais pas forcément en colère !) à cause de cette situation. Si l'un de vos collègues essaie de vous faire un mauvais coup par-derrière en répandant de fausses rumeurs sur votre compte, pensez-vous vraiment qu'il soit sain de lui tendre des bâtons pour qu'il vous batte ? Non, je pense au contraire qu'il est tout à fait sain dans ce genre de situation d'être contrarié par l'attitude de cette personne et d'essayer de redresser la situation de façon constructive.

Quand vous êtes contrarié, voici quelques pensées qui peuvent vous venir à l'esprit :

- « Il serait préférable de ne pas ressentir ce type de frustration, mais cela ne veut pas dire que ça ne peut pas arriver. »
- « Il est tout à fait regrettable que cela puisse arriver, mais ce n'est pas terrible. »
- « Ce genre de situation est inconfortable, mais pas intolérable. »
- « La personne qui est à l'origine de ma frustration a mal agi, mais cela ne veut pas dire pour autant que ce soit quelqu'un de mauvais. »

La colère quant à elle qui est à l'origine de bien des conflits entre personnes et tend plutôt à ruiner les relations plutôt qu'à les améliorer, provient plutôt d'une philosophie à base d'exigences où l'on considère que :

- « L'autre personne ne doit en aucun cas enfreindre mes règles ou me frustrer. »
- « C'est terrible ce qu'il (ou elle) a fait. »
- « La situation est insupportable. »
- « Cette personne est une vraie crapule pour agir ainsi. »

Si vous êtes en colère et que vous choisissez de l'exprimer, votre tension artérielle va monter. Vous allez également avoir d'autres ennuis avec l'autre personne du fait qu'elle aura l'impression que vous la condamnez et pas seulement que vous n'approuvez pas son comportement. Même si vous parvenez à intimider l'autre personne, vous ne ferez que l'encourager à l'avenir à prendre sa revanche ultérieurement. Si vous réprimez votre colère, vous aurez également des ennuis car vous risquez de développer toute une série de symptômes psychosomatiques. Vous serez peut-être tenté de riposter par des moyens passifs-agressifs et vous serez en général mal à l'aise avec vous-même et avec les autres.

En revanche, si vous êtes sainement contrarié, vous serez davantage enclin à essayer de modifier la situation de façon constructive en engageant un dialogue avec l'autre personne où vous direz honnêtement ce que vous pensez de son comportement tout en lui montrant clairement que vous ne la condamnez pas en tant que personne. En fait, vous la considérez comme un individu faillible et lui manifestez le désir de résoudre le conflit et de reprendre de bonnes relations.

Par conséquent, chaque fois que quelqu'un fait quelque chose qui enfreint vos règles, menace l'opinion que vous vous faites de vous-même ou est source de frustration dans la réalisation de vos désirs, ne tendez pas l'autre joue et ne vous montrez pas indifférent. Soyez juste contrarié, ni plus ni moins, et cherchez à gérer la situation de façon constructive.

Remords et culpabilité

Vous est-il arrivé de ne pas vous conformer au code moral ou éthique ou aux principes que vous vous êtes fixés ? Avez-vous déjà agi en allant à l'encontre des valeurs que vous défendez ? Nous l'avons tous fait plus ou moins et l'on pense en général qu'il est sain de culpabiliser pour ces manquements au code de valeurs que l'on s'est fixé. Si l'on définit correctement la culpabilité, à ne pas confondre avec son homologue positif – le remords réparateur –, vous comprendrez, je pense, que la culpabilité n'est pas une réaction saine, constructive, à des situations vécues comme une tombée en « disgrâce ». La culpabilité trouve son fondement dans la philosophie suivante : « Je ne dois sous aucun prétexte enfreindre les règles que je me suis fixées. Si je le fais, gare à moi. Ce sera terrible. Ce sera insupportable pour moi et je serai irrémédiablement pécheur et mauvais. » Les tenants de cette philosophie seront tentés ultérieurement de mal agir étant donné qu'ils se considèrent comme des gens mauvais, méchants. Comment pourrait-il en être autrement étant donné leur nature mauvaise ?

Attention, cela ne veut pas dire que je vous encourage à mal vous conduire ! Quand vous vous écartez de votre règle de conduite ou agissez à l'encontre de vos principes moraux, il me paraît normal de ressentir du remords. Dans ce cas, voici ce que vous penserez :

- « J'ai mal agi et je le regrette. Cependant, il n'y a aucune loi dans l'univers qui stipule que je ne dois en aucun cas mal agir. »
- « Cette situation n'est pas bonne et m'oblige à réfléchir à ce que j'ai fait. Cependant, ce n'est pas insurmontable. »
- « Ce n'est pas très confortable d'agir à l'encontre de ses principes, mais ce n'est pas insupportable. »
- « Je suis un être humain faillible qui a fait quelque chose de mal, mais je ne suis pas une crapule pour autant. »

Ces attitudes, me semble-t-il, qui sont le fondement du remords constructif, vous inciteront à réfléchir à ce que vous avez fait de mal et vous permettront de tirer les leçons des erreurs commises. Quand vous vous laissez aller à l'autoculpabilisation, ou bien vous vous laissez envahir par votre propre méchanceté supposée qui vous empêche de tirer des enseignements de vos erreurs, ou bien vous aurez la tentation de nier toute responsabilité personnelle pour votre comportement.

Aussi est-il important de reconnaître qu'en tant qu'être humain et donc faillible, vous vous écarterez parfois de votre ligne de conduite. Il est important de s'accepter comme étant capable de se tromper ou de mal faire et d'accueillir des sentiments de remords. Ainsi, vous pourrez profiter de vos erreurs et vous corriger à l'avenir. Résistez à la tentation de vous condamner définitivement étant donné que cela ne pourra que vous encourager à mal agir à l'avenir, soit pour agir comme les crapules, soit parce que la culpabilité vous empêche de tirer des enseignements de vos erreurs.

Déception et apitoiement

Le sentiment de ras-le-bol et de morosité s'enracine dans le fait de s'apitoyer sur soi-même et sur ses blessures. Si vous êtes dans cet état d'esprit, voici les pensées qui conditionnent votre façon de voir la manière injuste ou imméritée dont vous avez été traité :

- « Étant donné que je ne mérite pas ce traitement injuste, cela ne doit pas m'arriver. »
- « Étant donné que j'ai été traité injustement, c'est terrible. J'en ai ras-le-bol de tout le monde, de tous ces gens qui ont laissé se produire cette injustice dont je suis victime. »

Quand vous êtes blessé et que vous vous apitoyez sur votre sort, cela vous aide-t-il à surmonter l'injustice dont vous avez été victime ? Mon expérience de clinicien me montre que les personnes qui réagissent en s'apitoyant sur elles-mêmes ont plutôt tendance à fuir les procédés de communication qui pourraient s'avérer constructifs. Ou bien elles ruminent leur malheur en silence ou bruyamment, ou bien elles s'adonnent à d'interminables conversations sur tout ce qui va mal dans ce bas monde. En outre, elles essaient parfois de s'attirer la sympathie ou la pitié de leurs proches, ce qui (quand cela marche) ne sert qu'à les conforter dans leur autocomplaisance.

Quelle est l'attitude qui permet de dépasser cette autocomplaisance ? La réponse est la déception. Il est sain d'être déçu quand on a été traité injustement et d'une façon qui nous paraît imméritée. Il est important de bien faire la distinction entre la déception et le fait de s'apitoyer sur son sort. Dans le deuxième cas, vous vous considérez comme une pauvre créature car vous avez été mal traité, tandis que dans le premier cas, si vous êtes déçu, vous vous considérez comme quelqu'un qui est dans une situation désagréable sans que cela ne retombe sur toute votre personne. De plus, si vous êtes déçu, sans vous apitoyer sur vous-même, voici ce que vous pourrez penser :

- « S'il est certes peu agréable d'être traité de façon injuste et non méritée, il n'y a aucune loi dans l'univers qui stipule que la justice et le mérite doivent exister. »
- « Si l'injustice existe bel et bien, c'est regrettable mais pas terrible. »
- « C'est une situation que je peux supporter et par conséquent essayer de corriger. »
- « Le monde n'est pas complètement pourri. Le bon et le mauvais coexistent et s'entremêlent de façon complexe ; on peut même dire qu'à certains égards, j'expérimente une certaine forme d'injustice qui joue en ma faveur. »

Ce dernier point est important. Il est probable que la majorité d'entre vous, amis lecteurs, êtes en bonne santé, avez toutes vos facultés mentales et toute votre intégrité physique. N'est-ce pas là une injustice par rapport à tous ceux qui ont des problèmes de santé, qui ont été amputés d'un membre ou qui n'ont pas toutes leurs facultés mentales ? Quand on met l'accent sur les injustices qui jouent en notre faveur, il est bien rare que ce soit pour dire qu'elles ne devraient pas exister ! Par conséquent, quand vous vous apitoyez sur vous-même, vous vous intéressez surtout aux injustices qui s'exercent à votre détriment et vous négligez ou vous oubliez purement et simplement de mentionner les injustices qui jouent en votre faveur.

En résumé

En conclusion, redisons bien clairement que quand on vit des moments négatifs, il n'est pas sain de prendre sur soi sans rien laisser paraître pour ne voir que les bons côtés de l'expérience vécue. De même, il n'est pas sain d'adopter une attitude d'indifférence ou de distanciation. Par contre, face à une situation négative, il est sain d'être préoccupé, triste, contrarié, plein de remords ou de déception. N'essayez pas de modifier ces sentiments. Ressentez ces émotions négatives car elles vous aident à gérer la situation de façon positive et vous permettent de vous adapter de façon saine dans les cas où effectivement il est impossible de modifier le cours des événements négatifs. En revanche, si vous ressentez de l'anxiété, de la déprime, de la colère, de la culpabilité, de l'autocomplaisance, recherchez les attitudes irrationnelles qui sous-tendent ces émotions, remettez-les en question et tâchez de les transformer en sentiments négatifs, certes, mais sains.

ÉTAPE 7

Esprit critique et créativité, deux maîtres mots de la vie positive

DANS MES RAPPORTS avec les personnes qui me paraissent saines et équilibrées, ce qui me frappe, c'est leur aptitude à faire preuve d'esprit critique et de créativité. Elles n'acceptent pas de but en blanc ce qu'on leur dit sans le passer au crible de leur propre raisonnement. Cette faculté de penser par soi-même leur permet de résister au pouvoir de la publicité et aux fausses affirmations d'experts autoproclamés. Cet esprit critique les préserve de toute naïveté, de toute crédulité. Elles écoutent attentivement ce qu'on leur dit, réfléchissent aux motivations de ceux qui leur parlent et se font elles-mêmes leur propre jugement.

Un raisonnement scientifique

Pour faire preuve d'esprit critique, le meilleur moyen est d'adopter un raisonnement scientifique. Ce type de raisonnement s'appuie sur un scepticisme qui est sain. Poser un raisonnement scientifique, c'est avancer une hypothèse que vous allez vérifier en recherchant les preuves pour ou contre votre hypothèse. Cela demande une bonne dose d'objectivité. Vous serez peut-être surpris si je vous dis que certains scientifiques ne pensent pas forcément de façon scientifique. En effet, ils sont totalement obnubilés par les résultats de leurs expériences dont ils espèrent tant qu'ils viendront confirmer leurs hypothèses de prédilection. La documentation scientifique regorge d'exemples de chercheurs qui ont soit trafiqué les résultats de leurs expériences pour corroborer leurs hypothèses favorites, soit omis d'encadrer correctement leurs recherches avec pour conséquence des résultats biaisés qui vont dans le sens des hypothèses qu'ils veulent démontrer. En conséquence, si l'on veut raisonner de façon scientifique, il est important de garder un certain détachement vis-à-vis des hypothèses que l'on souhaite voir se vérifier. Pour cela, il faut être capable de repérer l'hypothèse que l'on voudrait voir se réaliser afin de minimiser l'impact de son désir.

Supposons, par exemple, que l'on vous annonce que vous avez contracté une maladie invalidante, mais non mortelle. Par ailleurs, on vous prévient qu'il n'existe aucun médicament qui puisse vous aider. Supposons que quinze jours plus tard, vous lisiez dans les journaux qu'un soi-disant expert a découvert un nouveau médicament qui permet de minimiser les effets de cette maladie dans votre vie. Comment faire pour raisonner de façon critique, scientifique dans ce genre de situation ? Tout d'abord, il faudrait que vous en sachiez davantage à la fois sur le médicament vanté pour connaître en particulier sa composition, et également sur les qualifications de cet expert autoproclamé. Combien sont-ils à avoir négligé de faire ces vérifications de bon sens et ont vu leurs espoirs cruellement réveillés et trompés par des individus sans scrupule dont la seule motivation est de gagner de l'argent ? Une fois que vous avez glané suffisamment d'informations sur la composition du médicament et les qualifications du soi-disant expert, vous pouvez les montrer à des personnes qui sont effectivement des spécialistes reconnus dans ce domaine. Écoutez attentivement ce qu'ils vous diront, mais faites attention à leurs orientations. Je dis cela car il y a tout de même un certain nombre d'autorités reconnues dans le monde médical qui sont dogmatiquement opposées à tout ce qui peut relever de près ou de loin de médecines alternatives.

Après cela, analysez toutes les informations que vous avez recueillies et prenez votre décision. Si vous décidez de prendre le médicament en question, faites-le sur une période limitée et notez soigneusement les effets ressentis. Ensuite, arrêtez de prendre ce médicament et notez les effets du sevrage sur votre état de santé. Reprenez ensuite le traitement et notez soigneusement les changements éventuels que vous constatez sur vos symptômes. Si votre décision a bien été prise à l'issue d'un raisonnement scientifique et que vous constatez alors que ce traitement vous a bien été bénéfique, alors n'hésitez pas à le poursuivre. Si, en revanche, vous ne percevez aucun effet au-delà d'une période initiale d'amélioration – qui peut être due tout simplement au fait que vous souhaitez ardemment que cela fonctionne –, il y a lieu d'arrêter ce traitement inutile. Cette approche critique systématique, valable également pour d'autres types de problèmes, vous permettra d'être davantage maître de vos décisions et de ne pas succomber aux mirages et aux solutions miracles qu'offre en permanence notre monde ouvert aux entrepreneurs.

Minimiser les effets d'une pédagogie nocive

Qu'est-ce qu'une pédagogie nocive ? C'est une pédagogie qui repose sur des enseignements émanant de personnes qui ont de l'importance pour vous, comme vos parents, vos professeurs et vos animateurs, et qui s'avèrent trop négatives et dépréciatives, et vous poussent à vous dévaloriser pour que vous adhériez à ces allégations.

Peut-être avez-vous déjà entendu l'un ou l'autre de vos parents prononcer ces phrases :

- « Tu es comme ton père, bon à rien. »
- « On ne peut pas faire confiance aux gens. Raccroche-toi à la famille, là au moins tu es sûr qu'on s'occupera de toi. » (L'idée sous-entendue ici est que les autres chercheront nécessairement à profiter de vous.)
- « Les hommes sont tous pareils : ils ne pensent qu'à ça ! »
- « Les femmes veulent te mettre le grappin dessus et après, elles te pompent tout ton fric. »

Si l'on est régulièrement soumis à ce genre de discours pessimiste à un âge où l'on est encore influençable et que l'on a du mal à penser par soi-même, il n'est pas surprenant qu'on en arrive à avoir une vision déformée du monde. Si vous adhérez à ce type de croyances, il est évident que cela a une influence sur vos sentiments et sur votre comportement. Ainsi, si vous pensez que les femmes ne cherchent qu'à vous piéger, vous serez peut-être tenté de réduire au minimum vos relations avec elles, ce qui pourrait vous priver de la possibilité de nouer une relation durable avec certaines d'entre elles. En outre, si vous pensez qu'en dehors de la famille, les gens ne cherchent qu'à profiter de vous, cela aura une incidence sur votre disposition à faire connaître aux autres vos pensées, vos sentiments et vos façons de voir.

Exercice

Essayez donc de faire l'exercice suivant qui pourrait vous être utile. Posez-vous cette question : « Quels sont donc les messages fondamentaux que j'ai appris sur moi, sur les autres et sur le monde, qui m'ont été transmis par d'autres personnes importantes pour moi ? » Prenez une feuille de papier et écrivez le nom de ces personnes importantes pour vous, puis ce qu'elles vous ont appris de particulier sur vous-même, sur les autres et sur le monde en général. Plus vous arriverez à être précis, plus vous pourrez prendre de recul et réévaluer ces messages.

Au moment de réévaluer ces messages, gardez à l'esprit ce qui suit. En premier lieu, il est plus que probable que toute affirmation qui comporte le mot « tout » ou « tous »

→

dans son libellé constitue une généralisation abusive qui n'a rien de garanti (par exemple, « Les hommes sont tous pareils : ils ne pensent qu'à ça »). En réalité, il peut y avoir une part de vérité dans ces propos ; par exemple que certains hommes « ne pensent qu'à ça », mais il est peu probable que ce soit le cas de *tous* les hommes !

Ensuite, demandez-vous si l'un de ces messages en particulier en dit davantage sur vous-même, sur les autres et sur le monde en général, ou plutôt sur la personne qui vous a fait partager sa façon à elle de vous voir, de voir les autres et le monde en général. À partir de là, demandez-vous si ce que cette personne vous a enseigné n'a pas été fortement influencé par sa propre vision du monde et peut-être par ce que d'autres personnes qui ont joué un rôle important dans son éducation lui ont enseigné. Il est bien connu des psychothérapeutes familiaux que les discours que l'on tient sur les gens et sur le monde en général se transmettent souvent de génération en génération. Ceci s'explique par le fait que chaque génération accepte ces messages sans les passer au crible de la critique.

Enfin, quand vous faites ce travail d'évaluation des messages nocifs qui viennent de votre passé, n'oubliez pas que l'on arrive toujours à trouver des preuves qui viennent confirmer ces messages. Ainsi, par exemple, si vous pensez à vos rapports avec les personnes qui ne sont pas de votre famille, vous arriverez sans aucun doute à identifier des situations où effectivement on a cherché à profiter de vous. Cependant, ce n'est pas parce que vous avez déniché quelques preuves que le message est vrai dans l'absolu et dans tous les cas. Par ailleurs, il se peut que vous fonctionniez sur le mode de la prophétie autoréalisatrice. Une prophétie autoréalisatrice est une prophétie qui se réalise du fait de votre comportement qui est tel que le résultat de votre action

> valide la prophétie initiale. Ainsi, si vous pensez que l'on ne peut faire confiance à personne en dehors de la famille, vous risquez d'agir sans discernement envers un étranger qui profite de vous. Au lieu de conclure qu'il s'agit bien là d'une illustration du fait que l'on ne peut faire confiance à personne en dehors de la famille, vous feriez mieux de reconsidérer votre propre comportement dans cet événement.

Enfin, quand vous faites ce travail d'évaluation des messages nocifs qui viennent de votre passé, n'oubliez pas que l'on arrive toujours à trouver des preuves qui viennent confirmer ces messages. Ainsi, par exemple, si vous pensez à vos rapports avec les personnes qui ne sont pas de votre famille, vous arriverez sans aucun doute à identifier des situations où effectivement on a cherché à profiter de vous. Cependant, ce n'est pas parce que vous avez déniché quelques preuves que le message est vrai dans l'absolu et dans tous les cas. Par ailleurs, il se peut que vous fonctionniez sur le mode de la prophétie autoréalisatrice. Une prophétie autoréalisatrice est une prophétie qui se réalise du fait de votre comportement qui est tel que le résultat de votre action valide la prophétie initiale. Ainsi, si vous pensez que l'on ne peut faire confiance à personne en dehors de la famille, vous risquez d'agir sans discernement envers un étranger qui profite de vous. Au lieu de conclure qu'il s'agit bien là d'une illustration du fait que l'on ne peut faire confiance à personne en dehors de la famille, vous feriez mieux de reconsidérer votre propre comportement dans cet événement.

Le message que je veux faire passer ici est de faire ressortir le fait qu'une fois que l'on a intégré des messages nocifs tirés du passé, on peut être tenté inconsciemment de rechercher les expériences qui confirment ces façons de voir car on se raccroche plus souvent à ce qui nous est familier plutôt qu'à ce qui nous est étranger. Prenons, par exemple, une situation où l'on rencontre quelqu'un qui semble de confiance. Rappelez-vous votre postulat de départ : on ne peut pas faire confiance aux gens en dehors de la famille. En conséquence, plus vous connaîtrez cette personne, plus le type de relation que vous entretenez avec elle vous paraîtra en décalage par rapport à votre croyance. Confronté au dilemme suivant, quelle attitude adopteriez-vous ? Ou bien vous abandonnez le message, nocif mais familier, de méfiance et vous réalisez que peut-être vos parents avaient tort et que l'on peut tout de même faire confiance aux gens en dehors de la famille, ou bien vous maintenez votre croyance dans ce message et vous provoquez chez l'autre personne une réaction qui justifie votre manque de confiance en elle. Vous risquez peut-être de choisir la deuxième attitude. Ainsi, vous instrumentalisez sans le vouloir l'autre personne qui réagira en fonction de ce que vous attendez. Oubliant, voire inconscient de votre propre comportement, vous vous intéressez uniquement à la réaction fautive de l'autre personne et vous en concluez que vos parents avaient raison : on ne peut faire confiance à personne en dehors de la famille.

Il est important que vous soyez bien conscient que si vous voulez changer ce genre de messages nocifs sur vous-même, sur les autres et sur le monde, vous entrez dans le royaume de l'inconnu. Cela risque de vous inciter à ne retenir dans vos expériences vécues que ce qui vient renforcer le message nocif plutôt que de vous exposer à l'inconnu qui vous obligerait à réévaluer ce message. Dans ce genre de situation, il faut un degré élevé de tolérance à la déstabilisation, à la frustration, à l'inconnu pour regarder en face les expériences qui apportent un démenti flagrant à la pédagogie nocive que vous avez reçue (voir l'étape 4).

Minimiser les distorsions de la pensée

Un célèbre psychiatre américain du nom d'Aaron Beck, le fondateur de la thérapie cognitive, a mis en avant le fait que les personnes en détresse psychologique présentent généralement des distorsions sur la façon dont elles se voient ou dont elles voient les autres et le monde. À mon sens, ces distorsions découlent fréquemment des quatre attitudes négatives discutées à l'étape 2. Ainsi, si vous avez tendance à être exigeant, à verser dans le catastrophisme, à avoir du mal à tolérer la frustation et à vous dévaloriser, la lecture que vous ferez des événements de votre vie présentera un certain nombre de distorsions. Dans ce cas, l'une des façons de vous débarrasser de ces distorsions au niveau cognitif consiste à identifier et à modifier les notions véhiculées par des termes comme « il faut », « c'est affreux », « je n'y arriverai pas », « les autres sont tous des c... » qui sont contenus implicitement dans votre pensée. Cela vous permettra alors de fonctionner sur la base d'une philosophie saine, souple à base de préférences, d'anti-catastrophisme, en augmentant votre seuil de tolérance à la frustration et en adoptant un regard bienveillant sur vous-même et sur les autres. Vous aurez ainsi la satisfaction d'avoir des pensées limpides et justes sur les événements de votre vie.

Une fois que vous en serez arrivé là, vous serez plus à même sur le plan des émotions et concrètement parlant, à identifier et à corriger les distorsions encore présentes dans votre pensée. Quelles sont les principales distorsions de la pensée qui perturbent la vie mentale ? La liste ci-dessous présente les principales :

Penser noir ou blanc

Il s'agit ici de n'avoir que deux catégories pour tenter de rendre compte d'une expérience. La pensée en noir et blanc exclut littéralement toutes les nuances du gris (« Ou bien je réussis tout parfaitement ou alors j'échoue lamentablement »). Pour modifier ce genre d'attitude, il faut intégrer l'idée que les choses sont rarement « tout blanc » ou « tout noir » et que les expériences que nous vivons sont souvent en demi-teintes nuancées. Si, par exemple, vous avez obtenu une note de 16/20 à un examen, cela ne constitue certes pas un sans-faute mais c'est loin d'être un échec complet. Vous pouvez regretter de n'avoir pas eu 20/20, mais il est important également de reconnaître que vous êtes parvenu à un très bon résultat.

Tirer des conclusions hâtives

Un événement se produit et vous en tirez un peu vite des conclusions négatives. On peut distinguer deux grands types de conclusions hâtives : l'interprétation et la prédiction.

Dans le cas de l'*interprétation*, vous pensez savoir ce que pense l'autre personne, en vous basant sur des indices peu fiables ou bien maigres. Par exemple, vous allez à une soirée et vous vous dites que les autres doivent vous trouver ennuyeux, alors qu'en fait, les gens vous écoutent très attentivement.

Dans le cas de la *prédiction*, vous prévoyez ce qui se passera à l'avenir sans avoir suffisamment de preuves pour étayer votre impression. Par exemple, avant d'aller à un entretien d'embauche, vous vous dites que vous n'aurez pas le job convoité.

Se polariser sur le négatif et minimiser le positif

Il y a distorsion dans ce cas parce que vous vous polarisez uniquement sur les aspects négatifs des expériences que vous vivez et vous écartez, niez ou minimisez les côtés positifs. Ainsi, un professeur vous remet la copie d'un devoir sur lequel il a noté quelques commentaires élogieux. Il a également noté deux ou trois points à améliorer. La distorsion consiste alors à ne pas prendre en compte les côtés positifs des compliments notés, comme si le professeur avait noté cela simplement pour vous encourager, et à vous intéresser uniquement aux aspects négatifs qui selon vous seraient la preuve de votre nullité, ce qui vous met le moral à zéro.

Prendre vos émotions pour la réalité

Dans ce cas de distorsion, vous pensez que vos émotions ou vos idées sont le reflet évident de la réalité. Ainsi, vous vous direz, « étant donné que je *ressens* cela comme un échec, cela prouve que *je suis* vraiment nul », ou bien « je ne vais pas réciter correctement ma poésie ce soir car je *pense* que ça se passera mal ». Il y a une différence entre se dire que peut-être vos sentiments et vos pensées sont effectivement le reflet de la réalité et se dire que de toute façon, sans même réfléchir de façon critique, vos sentiments et vos pensées sont conformes à la réalité des choses. Dans le deuxième cas, cela revient à vivre selon le principe que le monde est forcément à l'image de ce que vous pensez et ressentez, ce qui voudrait dire que votre façon de voir le monde est trop conditionnée par les préjugés que vous avez et qui sont le fruit de vos pensées et de vos sentiments.

Personnalisation

Quand on personnalise un événement, cela signifie soit que l'on considère que l'on est au centre de l'expérience vécue, soit que l'on est responsable de cette expérience. Il y a quelques années, un ami et moi-même blaguions à propos d'une anecdote survenue au club de foot, quand nous sommes passés devant un musicien de rue qui s'est mis à nous invectiver : « Qu'est-ce qu'il y a de drôle dans ma musique ? » Voilà un exemple flagrant de personnalisation dans la mesure où le musicien pensait que notre rire était dirigé contre lui alors qu'en fait nous n'avions même pas vu qu'il était là.

Une autre forme de personnalisation consiste à assumer la responsabilité d'événements dont la responsabilité incombe en fait à d'autres personnes. Si vous avez un penchant pour ce type de distorsions, vous risquez de développer un fort sentiment de culpabilité. Une mère pourra ainsi se sentir responsable de l'échec de sa fille en mathématiques parce qu'elle n'a pas réussi à bien encadrer ses habitudes de travail. Dans cet exemple, c'est assumer une trop grande part de responsabilité dans l'événement et ne pas donner à son enfant la part de responsabilité qui lui revient dans son échec à l'examen.

Comment corriger les distorsions de la pensée

Pour corriger une distorsion de la pensée, il faut passer par une première étape importante qui consiste à l'identifier correctement. C'est pourquoi il est important de se familiariser avec les différents types de distorsions évoquées ci-dessus pour voir si l'on pense sainement ou au contraire de façon « tordue ».

En second lieu, après avoir repéré une distorsion, l'étape suivante consiste à prendre du recul et à rechercher les preuves qui militent pour ou contre votre façon de penser. Il est très important d'exécuter correctement ces deux étapes, car si vous vous contentez de rechercher des preuves qui confirment votre hypothèse, vous risquez fort de trouver un ou deux éléments qui vont dans votre sens. En revanche, si vous recherchez aussi les preuves qui vont à l'encontre de votre façon de penser, vous constaterez peut-être qu'elles sont plus convaincantes que celles qui abondent dans votre sens.

En troisième lieu, demandez-vous ceci : « Quelles sont les autres façons de voir la même situation ? » Pour ce faire, il faut commencer par réfléchir et laisser venir toutes les idées qui vous passent par la tête et les mettre par écrit. Ensuite, demandez-vous comment quelqu'un d'extérieur à cette situation verrait la chose. Cette personne aurait-elle la même façon de voir que vous ou bien serait-elle davantage d'accord avec une ou plusieurs autres façons de voir que vous avez mis au jour ?

Quatrièmement, recherchez les preuves qui vont dans le sens de ces autres façons de voir la situation et celles qui vont à l'encontre.

L'étape finale consiste à prendre du recul et à choisir la solution qui paraît la plus plausible une fois que vous êtes passé par toutes les étapes évoquées ci-dessus et que vous êtes en possession de toutes les informations nécessaires. S'il est difficile de voir la réalité exactement telle qu'elle est, en revanche, il est plus facile de choisir la meilleure manière de considérer un événement qui est de privilégier celle qui présente le plus de preuves en sa faveur.

Il me paraît important à ce stade de redire que la meilleure manière de faire pour corriger les distorsions de la pensée consiste d'abord à remettre en question les attitudes négatives malsaines discutées aux étapes 2 à 5. Commencez par identifier et remettre en question vos exigences, vous attitudes catastrophistes, votre philosophie de faible tolérance à la frustration et votre tendance à la dévalorisation de vous-même et des autres. Vous serez alors davantage dans un état d'esprit réaliste et pragmatique qui vous permettra de corriger les distorsions de la pensée qui pourraient encore s'immiscer dans votre manière de voir.

Développer une attitude d'esprit axée sur la résolution des problèmes

La méthode de résolution des problèmes est une technique utile qui peut s'appliquer à tout un ensemble de problèmes qu'ils soient d'ordre pratique ou émotif. Le but de la méthode est de vous inciter à assumer la responsabilité des problèmes que vous rencontrez (voir l'étape 1) et de disposer d'outils pour apprendre à les gérer de façon à faire ressortir les différentes approches possibles et selon le cas les meilleures façons de surmonter le problème.

Cette méthode de résolution des problèmes se déroule en neuf étapes :

1. Identifiez le problème aussi clairement que possible et de la façon la moins ambiguë possible.
2. Fixez-vous des buts réalistes, accessibles et spécifiques.
3. Faites la liste de toutes les manières qui permettraient de résoudre le problème, même si la solution vous paraît tout à fait fantaisiste. C'est ce que l'on appelle faire du *brainstorming,* ou du « remue-méninges » si vous préférez.
4. Notez les pour et les contre pour chaque solution évoquée.
5. Choisissez dans cette liste la meilleure solution possible.
6. Planifiez la manière de mettre en œuvre la solution choisie, en établissant les différentes étapes à prévoir. À ce stade, il est particulièrement utile de noter par écrit le planning étape par étape.
7. Engagez-vous à respecter votre planning en précisant où, quand et comment vous allez le mettre en œuvre.
8. Une fois que vous avez commencé à mettre en œuvre votre planning, asseyez-vous et examinez l'état d'avancement de vos progrès. À ce stade, décidez des prochaines étapes à mettre en œuvre pour atteindre vos objectifs.

9. Évaluez le résultat en fonction de la solution choisie et décidez éventuellement des prochaines mesures à mettre en œuvre si nécessaire.

Pour appliquer la méthode de résolution des problèmes telle qu'elle est décrite ci-dessus, il vaut mieux au préalable avoir réussi à chasser toutes les émotions négatives malsaines qui entourent le problème à résoudre. Il est difficile de garder les idées claires quand on est perturbé par ses émotions dans une situation donnée. Or, c'est justement dans ces moments-là qu'il faudrait avoir la tête froide pour pouvoir appliquer la méthode de résolution des problèmes. Il est donc important de commencer par vous mettre dans une attitude d'esprit saine en remettant en question et en modifiant vos croyances irrationnelles pour passer ensuite aux neuf étapes de résolution des problèmes développées ci-dessus.

Améliorer votre processus de décision

Les gens ont souvent du mal à prendre des décisions. Il est important de distinguer si l'on a du mal à le faire parce qu'on manque d'informations ou parce qu'on a un esprit indécis. L'inaptitude à prendre des décisions est liée à un certain nombre d'attitudes d'autodévalorisation qui doivent être identifiées et remises en question avant de pouvoir appliquer des techniques de prise de décision.

L'indécision peut être liée au fait que vous avez les pensées suivantes :

- *Je dois être absolument sûr de prendre la bonne décision.* Il est impossible de savoir à l'avance si l'on prend la bonne décision. Tout ce que l'on peut faire, c'est de réunir les informations nécessaires à la prise de décision, prendre sa décision et l'évaluer ultérieurement pour voir si elle s'est avérée bonne ou mauvaise. En outre, il est impossible d'être certain de quoi que ce soit, *a fortiori* des conséquences d'une décision.

- *Je dois être serein quand je prends des décisions.* Il existe peu de cas où une décision s'impose clairement parce qu'elle n'offre que des avantages et ne présente aucun inconvénient. En général, la prise de décision implique de choisir entre plusieurs solutions qui ont toutes leurs avantages et leurs inconvénients. Par conséquent, cela génère forcément un certain degré d'inconfort étant donné qu'en optant pour telle ou telle solution, on abandonne de fait certains avantages liés aux solutions non retenues.
- *Je dois prendre la bonne décision, sinon cela voudrait dire que je suis stupide et incompétent.* Même si vous prenez ce qui pourrait s'avérer une mauvaise décision, cela ne prouve pas forcément que vous soyez incompétent. Cela peut éventuellement provenir du fait que vous n'avez pas pris suffisamment de temps ou que vous n'avez pas récolté suffisamment d'informations avant de prendre votre décision. Si vous étiez vraiment incompétent, cela voudrait dire que toutes les décisions et tout ce que vous faites est malvenu, ce qui est manifestement une généralisation abusive.

Ce n'est qu'après avoir identifié, remis en question et modifié ce genre d'attitudes dévalorisantes que vous serez en mesure de tirer parti de la méthode d'analyse avantages/inconvénients présentée ici pour vous aider à prendre des décisions adéquates (voir p. 110 à 113). Cette méthode se déroule en six étapes. Les six étapes sont ici décrites en référence à un choix qui ne concerne que deux options mais il est possible d'en ajouter d'autres.

Prendre la bonne décision en six étapes :

1. Détaillez clairement les deux options (A + B) entre lesquelles vous devez choisir. Notez par écrit sur une feuille les avantages et les inconvénients de chacune des deux options (une feuille par option).
2. Choisissez une des deux options (par exemple l'option A) et étudiez spécifiquement les avantages et les inconvénients de cette option, aussi bien à court qu'à long terme, pour vous et pour les autres.
3. Notez-les par écrit : avantages et inconvénients, à court terme et à long terme, pour vous et pour les autres.
4. Répétez les mêmes opérations pour l'autre option (B).
5. Allez prendre l'air pendant au moins une heure environ et pensez à autre chose avant de reprendre vos feuilles pour réexaminer ce que vous avez écrit. Lisez toutes les réponses que vous avez notées et posez-vous la question suivante : tout bien pesé, en prenant tous les paramètres en compte, vaut-il mieux choisir l'option A ou l'option B ?
6. Prenez votre décision sans tergiverser. Même si la balance penche à peine d'un côté, choisissez le côté qui pèse le plus lourd. Prenez l'engagement de mettre en œuvre votre décision et passez aux actes.

Même si la décision s'avère être la mauvaise, à long terme vous serez certainement content de l'avoir prise plutôt que d'avoir hésité, tergiversé et d'avoir laissé passer le temps sans vraiment vous décider.

Développer votre créativité

La créativité est liée à un processus de la pensée dite divergente. Ce processus implique de prendre des risques en ayant des pensées qui peuvent défier la logique, paraître absurdes et insensées aux yeux d'autres personnes. À cet égard, la pensée créatrice implique fréquemment de suspendre temporairement tout esprit critique pour permettre l'éclosion de nouvelles idées, de nouvelles associations d'idées et de nouvelles perspectives. Une fois que vous avez ouvert votre esprit à des idées novatrices, vous pouvez alors solliciter de nouveau votre esprit critique pour évaluer ce que vous avez découvert et décider d'un ensemble de mesures à mettre en œuvre (à l'aide des méthodes de résolution de problèmes et de prise de décision décrites ci-dessus).

Comment prendre une bonne décision

Avantages et inconvénients de l'option A

Avantages/Intérêts de l'option A

À COURT TERME	
Pour vous	*Pour les autres*
1___________________	1___________________
2___________________	2___________________
3___________________	3___________________
4___________________	4___________________
5___________________	5___________________
6___________________	6___________________
À LONG TERME	
Pour vous	*Pour les autres*
1___________________	1___________________
2___________________	2___________________
3___________________	3___________________
4___________________	4___________________
5___________________	5___________________
6___________________	6___________________

Inconvénients/Coûts de l'option A

À COURT TERME	
Pour vous 1__________ 2__________ 3__________ 4__________ 5__________ 6__________	*Pour les autres* 1__________ 2__________ 3__________ 4__________ 5__________ 6__________
À LONG TERME	
Pour vous 1__________ 2__________ 3__________ 4__________ 5__________ 6__________	*Pour les autres* 1__________ 2__________ 3__________ 4__________ 5__________ 6__________

Comment prendre une bonne décision (suite)

Avantages et inconvénients de l'option B

Avantages/Intérêts de l'option B

À COURT TERME	
Pour vous	*Pour les autres*
1______	1______
2______	2______
3______	3______
4______	4______
5______	5______
6______	6______
À LONG TERME	
Pour vous	*Pour les autres*
1______	1______
2______	2______
3______	3______
4______	4______
5______	5______
6______	6______

Inconvénients/Coûts de l'option B

À COURT TERME	
Pour vous 1__________ 2__________ 3__________ 4__________ 5__________ 6__________	*Pour les autres* 1__________ 2__________ 3__________ 4__________ 5__________ 6__________
À LONG TERME	
Pour vous 1__________ 2__________ 3__________ 4__________ 5__________ 6__________	*Pour les autres* 1__________ 2__________ 3__________ 4__________ 5__________ 6__________

Étant donné que la créativité implique le risque de perturber votre mode de pensée habituel, vous devez être capable de tolérer un seuil minimum de déstabilisation qui va de pair. Le thème de la créativité est si vaste qu'il mérite d'être traité à part. Il est d'ailleurs abordé dans de nombreux ouvrages très utiles.

ÉTAPE 8

S'investir et cultiver ses passions

C'EST UN BONHEUR que de pouvoir s'investir à fond dans des activités qui vous sont chères et vous accaparent totalement l'esprit. À l'inverse, l'ennui et le découragement gagnent du terrain dès que l'on pense à des activités routinières, quotidiennes, sans grand intérêt pour soi et sans enjeu à la clé. C'est pourquoi, vous devez commencer par identifier un certain nombre de centres d'intérêt, de projets et d'activités qui sont à la fois porteurs de sens pour vous en particulier et suffisamment prenants pour accaparer toute votre attention. Cela vous apportera non seulement des moments de bonheur mais aussi un bon équilibre au plan psychologique.

À l'étape 5, j'ai souligné le fait qu'étant une personne unique, complexe, il est inévitable que vous ayez des préférences elles aussi uniques et complexes.

Cela est tout aussi vrai pour vos centres d'intérêt, vos passions. Découvrez ce qui a vraiment de l'importance et du sens pour vous et, dans la mesure où cela n'entre pas en conflit avec les centres d'intérêt de ceux qui vous sont proches et que cela ne fait de tort à personne, adonnez-vous à fond à vos passions aussi originales et surprenantes soient-elles sans tenir compte du regard des autres.

La nature humaine est ainsi faite que nous sommes souvent intolérants vis-à-vis des passions et des centres d'intérêt des autres quand ils sont différents des nôtres. Ainsi, celui qui est fou d'opéra trouvera ridicule la passion d'un autre pour les trains électriques. Il ne fait aucun doute que celui qui passe tous ses week-ends à photographier des trains pensera la même chose de celui qui passe son temps à écouter des airs d'opéra. En conséquence, si vous devez vous adonner avec passion à une activité qui vous tient très à cœur, il vous faudra vous forger en même temps une carapace suffisamment solide pour résister aux sarcasmes des autres. Sinon, vous risquez de vous laisser envahir par la honte face à ceux qui se moquent de l'intérêt que vous manifestez pour telle ou telle activité qui vous tient à cœur. Vous risquez de ne plus avoir envie de vous investir à fond dans ces domaines qui vous passionnent ou bien vous le ferez mais avec un sentiment de honte pour votre singularité.

Dépasser la honte

Dans le cas présent, la honte est ce sentiment qui provient, comme toute émotion, de la conscience que l'on a de l'image que les autres ont de nous-mêmes.

Prenons l'exemple du collectionneur de trains (ou de photos de trains). Confronté aux sarcasmes et aux remarques des autres sur son sujet favori, que va-t-il se dire intérieurement qui va générer son sentiment de honte ? Voici ce qu'il peut se passer dans sa tête :

- *Les autres pensent que ma passion pour les trains est étrange.* Cette remarque est certainement frappée au coin du bon sens. Tout le monde ne pensera pas ainsi, mais il est vrai que certaines personnes le penseront.
- *Parce qu'ils trouvent bizarre ma passion pour les trains, ils pensent que je suis bizarre.* Voilà certainement un cas de généralisation abusive qui la plupart du temps s'avère sans fondement. Il y a certainement des gens qui trouvent étrange votre passion pour les trains et qui en concluront inconsidérément que vous êtes complètement « timbré », mais ce n'est pas vrai de tout le monde. Si vous ressentez les choses ainsi, identifiez la distorsion de cette pensée et corrigez-la en recourant à la méthode décrite à l'étape précédente.
- *Si les autres me trouvent bizarre et ridicule, ils ont sûrement raison : je le suis certainement.* C'est à ce stade que s'enracine le sentiment de honte, car même si le collectionneur a les pensées 1 et 2 évoquées ci-dessus, il ne se sentira pas nécessairement ridicule s'il s'accepte tel qu'il est à ce niveau. C'est pourquoi, je propose que le passionné de trains assume temporairement la réalité des pensées évoquées aux points 1 et 2 afin de se consacrer à identifier et à remettre en question la philosophie sous-jacente qui est à l'origine du sentiment de honte.

Comment le collectionneur de trains pourrait-il faire pour dépasser son sentiment de honte ? Tout d'abord, il doit se poser des questions du genre : « Est-ce parce que les autres pensent que je suis bizarre et ridicule que cela signifie que je suis effectivement bizarre ? » Il peut alors y répondre ainsi : « Même si les autres font de telles généralisations outrancières, je n'ai pas à avoir honte, car en tant que personne, je suis bien trop complexe pour être enfermé dans une catégorie bien définie. Si vraiment toute ma personne était ridicule, cela voudrait dire que tout en moi est ridicule. En fait, on peut dire que je suis un être humain faillible qui a des passions que les autres trouvent bizarres ; c'est dommage qu'ils pensent ainsi, mais je ferais mieux d'accepter cette réalité désagréable et continuer tout de même à me passionner pour les trains. »

Ce type de questions-réponses peut vous être très utile pour vous aider à minimiser le sentiment de honte qui peut vous envahir et vous laisser libre de continuer à vous investir dans vos passions.

Importance de l'activité

Comme je l'ai déjà mentionné au début de ce chapitre, nous sommes plus heureux quand nous nous investissons avec passion dans une activité plutôt que quand nous sommes passivement impliqués. Il est capital de se donner à fond dans quelque chose qui est à vos yeux intéressant et prenant. En conséquence, il vous faut combattre en vous toute tendance à la passivité.

Comme cela a été dit à l'étape 4, si l'on veut s'investir à fond dans quelque chose d'intéressant et persévérer dans son activité pour en recueillir les fruits, encore faut-il disposer au départ d'une capacité de tolérance élevée à la frustration. En conséquence, si vous trouvez que vous avez un problème de faible tolérance à la frustration, je vous invite à revoir les points évoqués à cette étape. Toutefois, dès que l'on parle de vos centres d'intérêt et de vos passions, ce genre de problème devient moins présent, du fait même de l'intérêt et de la passion que vous mettez dans telle ou telle activité. En général, l'intérêt suscité est suffisamment motivant pour que vous soyez actif même s'il y a inévitablement certains aspects liés à l'investissement personnel qui sont ennuyeux et pesants. C'est là que vous pouvez rencontrer des difficultés si vous avez une philosophie de faible tolérance à la frustration.

- *Cela m'embête trop de faire ça aujourd'hui. Je le ferai demain.* Si vous vous dites cela, cela revient à dire que vous considérez votre passion comme une source de contraintes, ce qui est peut-être le cas, mais même comme générateur de *trop* de contraintes, ce qui n'est certainement pas vrai. Cette réflexion découle d'une attitude fondamentale qui considère que les conditions de vie en général ne devraient pas être aussi difficiles qu'elles le sont. Dans ce cas, il faut que vous remettiez en question cette philosophie non seulement intérieurement, mais aussi en prenant des mesures concrètes pour aller à son encontre. Ainsi, vous vous rendrez compte, par l'action, que les aspects ennuyeux liés à telle ou telle activité découlant de votre passion sont certes « embêtants » mais qu'ils en valent la peine. N'oubliez pas non plus que c'est une illusion de croire qu'en remettant votre activité à plus tard elle sera moins ennuyeuse, sûrement pas !

- *Je vais attendre d'avoir envie de m'y mettre.* Si vous attendez d'avoir envie de faire une tâche ennuyeuse liée à l'exercice de votre passion, il est fort probable que vous attendrez longtemps. Remarquez que le fait de vous donner à fond à une tâche qui vous rebute peut vous amener à en minimiser les aspects ennuyeux. Par contre, quand on attend d'en avoir envie, il arrive souvent que cette tâche paraisse de plus en plus ennuyeuse et pesante. En outre, quand on se met dans quelque chose que l'on n'avait pas envie de faire à un certain moment, on s'aperçoit bien souvent que l'envie vient en faisant et que l'on se retrouve complètement pris par son activité plus vite qu'on ne le pensait.

Même si les freins liés à une faible tolérance à la frustration se manifestent moins que dans d'autres domaines de la vie, quand on se donne à fond dans des domaines qui nous tiennent à cœur, il faut être conscient que cela peut arriver. Soyez donc vigilant pour repérer tout ce qui vous détourne de votre désir d'engagement dans des activités qui vous plaisent vraiment.

Être « fan », mais pas fanatique

Quand on s'investit à fond dans un domaine qui nous intéresse, le danger c'est d'en devenir esclave ou fanatique. On peut devenir dépendant de sa passion au détriment d'autres centres d'intérêt, de son métier, et des relations avec les autres, tous domaines qui pâtissent d'un investissement qui tend à devenir exclusif. Le risque est grand alors de voir le monde avec des œillères. Tout ce que vous voyez ou pensez l'est en fonction de la passion que vous avez dans tel domaine. Ce zèle fanatique repose sur un certain nombre de croyances irrationnelles. Peut-être êtes-vous convaincu que l'intérêt phénoménal de votre engagement mérite de tout y sacrifier. Dans le même ordre d'idées, vous pouvez être persuadé que sans cette activité passionnante, vous auriez du mal à vivre et que vous ne pouvez pas l'abandonner trop longtemps. Peut-être vous considérez-vous à tort comme ayant davantage de valeur quand vous vous investissez dans telle activité en particulier, surtout si vous y réussissez bien. Ainsi, si vous craignez d'être devenu plutôt fanatique que « fan », ce que les autres ne se priveront pas de vous faire sentir, n'hésitez pas à rechercher les pensées irrationnelles qui sous-tendent cette attitude. Tirez au clair en particulier vos exigences, votre tendance à dramatiser, votre faible tolérance à la frustration et, aussi paradoxal que cela puisse para, votre survalorisation de vous-même quand vous êtes impliqué dans telle activité, et à l'opposé, votre autodévaluation en dehors de cette activité. Identifiez ces certitudes aussi précisément que possible et remettez-les en question de la façon précédemment décrite.

Si vous vous investissez aussi intensément dans une activité qui vous tient à cœur, c'est peut-être le signe que vous avez un problème dans la vie que vous essayez de masquer en vous impliquant sans relâche dans cette activité.

Témoignage

Il y a quelques années, une femme m'a raconté une histoire bien triste qui est arrivée dans son couple à l'arrivée de leur bébé. Avant la naissance, le couple s'entendait bien ; le mari avait une passion pour les trains électriques, mais cela ne pesait pas sur leur mariage. Il était « fan » de trains mais pas au point d'en être fanatique. Cependant, quand le bébé est né, sa passion pour les trains a grandi inconsidérément. Il passait son temps à repérer de nouveaux trains qui ne faisaient pas encore partie de sa collection. Il est évident que cet homme était extraordinairement jaloux de son bébé et avait l'impression d'avoir perdu l'affection de sa femme. Plutôt que de regarder le problème en face pour essayer de le résoudre avec sa femme, il l'a mis de côté et a essayé de surmonter la crise en s'impliquant totalement dans sa collection.

Si vous vous demandez si votre engagement ou votre passion pour telle ou telle activité ne prend pas des proportions exagérées, posez-vous la question de savoir si cela ne sert pas en réalité à masquer un problème. Dans ce cas, je vous recommande la lecture de l'ouvrage que j'ai écrit avec Jack Gordon, *Comment être heureux, enfin* (éditions Leduc.s) qui vous donnera quelques pistes pour mieux maîtriser vos émotions. Si cela ne suffit pas, n'hésitez pas à aller consulter. Vous pouvez en parler à votre médecin traitant ou vous renseigner sur Internet auprès de l'Association française de thérapie cognitive et comportementale (www.aftcc.org) pour trouver l'adresse d'un psychothérapeute près de chez vous.

Faire son expérience

Et si, en ce moment, vous n'avez pas de passion ou de centres d'intérêt qui vous captivent ou que votre intérêt décline, que faire ? La meilleure réponse à ce problème tient en trois mots : faites votre expérience ! Il est certain que le fait d'adopter une attitude expérimentale vis-à-vis de nouvelles activités susceptibles d'occuper une grande place dans votre vie comporte une part de risque. Il se peut que vous investissiez beaucoup de temps dans des engagements ou des activités qui, à la longue, ne vous satisferont pas complètement. C'est un risque à courir si l'on veut tirer parti à long terme de l'expérience. Si l'on ne consacrait du temps qu'aux activités dont on est sûr qu'à terme elles vont nous apporter quelque chose, on se priverait de la chance d'expérimenter de nouveaux centres d'intérêt et de nouvelles activités. Personne n'a de boule de cristal. Comment savoir à l'avance si le temps et l'énergie dépensés en valent la peine à long terme ? Impossible de répondre à l'avance. Cependant, on peut tout de même gagner un peu de temps en récoltant le plus d'informations possible sur telle ou telle activité et en imaginant comment les choses se passeront si l'on s'y implique. Le fait d'envisager ainsi les choses par anticipation peut vous aider à en conclure à juste titre que l'activité en question n'est pas faite pour vous. Par contre, des tas de gens ont eu l'agréable surprise de découvrir qu'ils se sont épanouis dans une activité dont ils ne pensaient pas qu'elle puisse leur plaire. Ainsi, même si vous pensez que telle activité ne vous convient pas, il est parfois utile de la tester en réalité avant de conclure hâtivement.

Combien de temps faut-il tester une activité pour savoir si elle ne vous convient vraiment pas ? Parfois, cela sera évident dès le début. Parfois, il faudra un peu plus de temps. Certaines activités nécessitent un temps d'adaptation. Dans ce cas, il faudra persévérer quelque temps. Pourquoi ne pas essayer (en souplesse) la technique que j'appellerai de la balle de base-ball ? Au base-ball, le batteur a droit à trois coups avant d'être éliminé. De même, si vous faites trois tentatives sérieuses pour vous investir dans une activité, et que vous n'en retirez aucun plaisir, cela signifie sans doute que cette activité n'est pas pour vous. Rappelez-vous bien que je parle ici de trois tentatives sérieuses. Si vous ne vous investissez pas avec tout votre cœur, il est fort probable que vous ne pourrez pas obtenir les informations dont vous avez besoin pour déterminer l'intérêt de cette activité et l'épanouissement personnel que vous retirerez de votre investissement.

ÉTAPE 9

Améliorer ses relations avec les autres

Il ne manque pas d'études scientifiques qui soulignent l'importance sur l'équilibre psychique de la qualité des relations que l'on entretient avec les autres. Il est de fait difficile d'imaginer que quelqu'un puisse avoir un bon équilibre psychique si ses relations avec les autres sont pauvres ou superficielles, *a fortiori* si cette personne mène sa vie à l'écart des autres. Il y a certainement quelques rares ermites qui sont, sans doute, très équilibrés, mais ce sont des exceptions. En règle générale, pour avoir un bon équilibre mental, il est important de privilégier la qualité des relations que l'on entretient avec les autres.

Accepter les autres tels qu'ils sont

Pour améliorer ses relations avec les autres, il faut commencer par adopter un point de vue qui repose sur l'acceptation des autres. Cela implique de renoncer à certaines exigences sur le comportement que l'on souhaiterait imposer aux autres autour de nous. Cela signifie reconnaître que les autres peuvent légitimement être source de frustrations pour soi, ce que l'on peut regretter mais qui n'a rien de catastrophique. Cela vous oblige à renforcer votre seuil de tolérance à la frustration en cas de conflit en vue de parvenir à le résoudre de façon satisfaisante. Pour ce faire, il faut au préalable adopter un regard sur les autres qui prenne en compte le fait que ces derniers aussi sont des êtres humains faillibles où le bon et le mauvais côtoient des caractéristiques personnelles neutres.

Cette attitude fondamentale d'acceptation des autres vous rendra capable de tolérer des différences entre vous et les autres. Fort d'une expérience de plusieurs années en conseil conjugal, je n'hésite pas à affirmer aujourd'hui que la capacité de chaque partenaire à accepter les différences de l'autre est un indicateur précieux de la solidité d'une union. Quand on n'arrive pas à accepter le fait que son conjoint adopte un point de vue différent sur des questions importantes, qu'il manifeste des goûts et des centres d'intérêt différents, il est tentant de se dire qu'il ou elle devrait en changer. Cette attitude est source de conflits et d'opposition entre personnes.

Il est par conséquent indispensable de cultiver la tolérance à l'égard des différences qui se manifesteront inévitablement entre vous et les autres. Si vous avez réussi à affirmer le caractère unique de votre personnalité comme nous l'avons vu à l'étape 5, vous serez davantage à même de mettre en valeur le caractère unique de la personnalité de votre partenaire. Cette attitude est le fondement du respect auquel a droit votre conjoint. Cela vous permettra de généraliser cette attitude à toutes les autres personnes que vous côtoyez et vous mettra dans de bonnes dispositions pour cultiver de saines relations avec les autres.

Savoir faire confiance aux autres avec discernement

Cette question de la confiance est aujourd'hui bien délicate pour beaucoup d'entre nous. J'entends par confiance ce sentiment d'être sûr de la loyauté des autres à notre égard. Il faut cependant prendre en compte le fait que les autres sont eux aussi des êtres humains faillibles. Par conséquent, il n'est pas inconcevable qu'ils aient des carences dans ce domaine ou que les circonstances les amènent à en manquer. Mon expérience m'a appris que les problèmes liés à la confiance sont en général de deux ordres.

La confiance naïve

En premier lieu, il y a ceux qui font naïvement confiance aux autres. Si vous êtes de ceux-là, vous croyez implicitement que ceux avec lesquels vous êtes en contact ne vous feront pas de mal *a priori* ou ne chercheront pas à profiter de vous. Il est alors vraisemblable que l'on cherchera justement à profiter de vous car vous ne savez pas faire la différence entre ceux en qui vous pouvez avoir confiance et ceux dont vous devez vous méfier. Si vous vous montrez trop crédule, cela signifie que vous croyez que les autres sont naturellement attentionnés et feront tout leur possible pour être aimables et coopératifs. Il est important d'abandonner cette idée naïve et d'exercer votre discernement, appuyé sur l'expérience, pour faire la différence entre ceux à qui vous pouvez accorder confiance (en gardant tout de même une certaine prudence) et ceux à qui vous ne pouvez pas.

Confiance en soi, confiance en l'autre

Le second groupe est, à mon avis, en tout cas c'est ce que me dicte mon expérience, le plus fréquent : les personnes de ce groupe ont en général du mal à faire confiance aux autres car elles doutent de leur propre capacité à honorer la confiance que les autres mettent en elles. Si vous vous reconnaissez dans ce groupe, vous direz volontiers qu'il vous est difficile de vous sentir proche des gens car vous avez peur de finir un jour ou l'autre par être blessé. Cela va de pair avec deux certitudes. Premièrement, vous êtes persuadé qu'il vous faut une garantie contre le risque d'être blessé avant de vous engager dans une relation avec quelqu'un et deuxièmement, vous ne supportez pas l'idée d'être blessé. Plutôt que de risquer d'être confronté à cette éventualité, vous décidez qu'il vaut mieux se contenter de relations superficielles avec les gens. Il en résulte que vos relations avec les autres sont insatisfaisantes, quoique moins redoutables, mais vous privent d'entrer dans l'intimité d'autres personnes. Vous voilà pris au piège entre un certain confort empreint d'insatisfaction d'une part et la peur de prendre des risques en entrant dans l'intimité de quelqu'un.

Apprendre à faire confiance avec discernement

Si vous voulez améliorer votre capacité à faire confiance tout en exerçant un certain discernement, vous devez remettre en question l'idée selon laquelle il vous faut des garanties pour protéger votre vulnérabilité. Or, dans la vie, dans ce domaine comme dans d'autres, il est tout simplement impossible d'avoir l'assurance de ne jamais être blessé ou laissé de côté. Même si quelqu'un s'engage explicitement à ne jamais vous faire de la peine, cela ne constitue pas une garantie, étant donné que cette personne, comme tout un chacun, a ses problèmes, ses défauts et ses manquements et que, par conséquent, il se peut très bien qu'un jour ou l'autre elle vous blesse par certaines paroles ou par certains gestes.

Vous devez également remettre en question l'idée selon laquelle il est impensable, insupportable pour vous de subir un abandon ou une trahison. Je tiens à être très clair sur ce sujet. Il est certain que l'abandon ou la trahison sont des expériences douloureuses que personne ne recherche vraiment, c'est bien le moins que l'on puisse dire. Cependant, dès qu'il s'agit de relations humaines, il est important de prendre en compte le fait que cela peut éventuellement arriver. Si l'on veut parvenir à améliorer ses relations avec les autres pour les rendre plus saines et plus confiantes, il est impératif d'abandonner toute tendance à la dramatisation en cas d'abandon ou de trahison et de regarder la réalité en face.

Seule une attitude raisonnablement confiante permet d'évaluer correctement le degré de gravité de l'abandon ou de la trahison ressentie. Si, par exemple, il est important pour vous que votre relation amoureuse soit exclusive et qu'il arrive que votre partenaire se montre infidèle, vous risquez de considérer que votre relation avec cette personne est terminée. Vous pouvez aussi décider de lui donner une seconde chance, et de ne mettre un terme à votre relation amoureuse qu'en cas de récidive.

Celui ou celle qui se montre d'emblée naïvement confiant, ou confiante, risque de faire preuve d'une tolérance excessive vis-à-vis des petits écarts de son compagnon ou de sa bien-aimée qui sera davantage tenté(e) d'en tirer parti. Par contre, celui qui se montre *a priori* méfiant risque, lui, non seulement de mettre fin facilement à sa relation, mais même de ne plus jamais reprendre le risque de nouer de nouvelles relations amoureuses.

Celui qui a une attitude saine de confiance raisonnée envers les autres saura faire preuve de discernement et de vigilance pour faire la différence entre les personnes dignes de sa confiance et celles dont il vaut mieux se garder. L'important à ce stade est de faire preuve de souplesse d'esprit dans vos décisions en vous fiant à votre expérience plutôt que de vous laisser emporter par une tendance à une trop grande naïveté ou à une trop grande méfiance vis-à-vis des autres.

Communiquer avec bienveillance

L'attention que l'on porte aux autres implique de leur communiquer aussi bien nos sentiments négatifs que nos sentiments positifs. Il ne manque pas d'ouvrages sur l'affirmation de soi-même. Même si ces ouvrages accordent une place à la communication des sentiments positifs, ils traitent principalement de la meilleure façon de communiquer des sentiments négatifs et de faire valoir ses droits. Cependant, pour entretenir des relations saines avec les autres, il est bon de mettre davantage l'accent sur la communication des sentiments positifs que l'on éprouve envers les autres.

Communiquer ses sentiments positifs

Pour améliorer la qualité de ses relations avec les autres, il est important de leur dire tout le bien que l'on pense d'eux et également de ce qu'ils font. Faites-le sans perdre de vue que ce sont des êtres humains faillibles qui sont comme tels pétris de bon et de mauvais sentiments, et de caractéristiques qui ne sont ni bonnes ni mauvaises. N'insinuez pas, ce faisant, que vous les aimez davantage quand ils font le bien, et par conséquent moins quand ils ne se comportent pas bien. Dites par exemple « j'apprécie ce que tu fais pour moi » ; « j'aime bien la manière dont tu as dit cela » ; « tu as fait un travail super ! » ; « je te suis très reconnaissant de la manière dont tu essaies de te mettre à la place des autres ».

Comme l'a fait remarquer Dale Carnegie dans son célèbre ouvrage *Comment se faire des amis...* (LGF – Livre de Poche, 1990), il est capital que vos communications positives soient sincères. Si vous jouez un rôle, tôt ou tard, les autres s'en apercevront et cela rejaillira sur vous. Ainsi, veillez à ne communiquer des sentiments positifs que s'ils sont véritablement sincères. Même si vous avez plutôt tendance à être exagérément critique, vous pouvez apprendre à essayer de voir les aspects du comportement d'autres personnes que vous appréciez ou que vous respectez. Une fois que vous les avez découverts, n'hésitez pas à en faire part à la personne en question. Il est toujours apprécié d'être le destinataire de ce genre d'éloges même si de prime abord cela peut paraître embarrassant. Soyez certain que votre interlocuteur ne l'oubliera pas. Cette façon de communiquer sur les choses positives encouragera les autres à leur tour à se montrer positifs à votre égard.

Comment communiquer des sentiments négatifs

Voici en huit étapes comment parvenir à s'affirmer de façon saine lorsque l'on veut informer d'autres personnes de nos sentiments négatifs.

Étape 1 : Attirer l'attention de la personne. Cela ne sert à rien de faire entendre votre voix si la personne est préoccupée par autre chose. Par conséquent, avant de commencer à informer l'autre personne de sentiments négatifs que vous éprouvez à son égard, commencez par vous assurer qu'elle vous écoute avec toute l'attention dont elle est capable.

Étape 2 : Décrire avec objectivité le comportement de l'autre que vous n'avez pas apprécié. Quand on attire l'attention de quelqu'un sur des aspects de son comportement qui ne nous plaisent pas, il est très important de faire preuve d'un maximum d'objectivité. Ne partez pas dans des déductions et ne vous lancez pas dans des diatribes sur le caractère de l'autre. Dites : « je n'ai pas aimé le fait que tu aies dit cela sur moi » plutôt que « je n'aime pas beaucoup que tu me critiques ». Le deuxième cas tire une conclusion hâtive tandis que le premier se contente de mentionner un fait observé.

Étape 3 : Communiquer sur ce que vous avez légitimement ressenti de négatif. Tout au long de cet ouvrage, je fais la distinction entre ce qui est sain et ce qui ne l'est pas en matière de sentiments négatifs. À ce stade de la communication, il est capital de ne transmettre que vos sentiments négatifs sains. Si vous exprimez des sentiments négatifs malsains, vous allez inciter l'autre personne à se mettre exagérément sur la défensive, ce qui aura une incidence négative sur la relation que vous souhaitez établir avec elle de façon constructive. Ainsi vaut-il mieux exprimer votre déception ou votre malaise plutôt que des sentiments de colère ou d'amour-propre blessé. Si vous dites à l'autre personne que vous avez été blessé ou scandalisé, vous augmentez le risque que la personne se justifie de façon agressive ou défensive, tandis que si vous exprimez votre déception ou votre malaise sans condamner la personne, elle sera plus encline à vous écouter.

Étape 4 : Vérifier avant de tirer des conclusions hâtives et donner un droit de réponse. Il est difficile pour tout être humain de tirer des conclusions sur le comportement de quelqu'un d'autre. Cependant, il est indispensable de prendre conscience que les déductions que l'on conclut sont des suppositions sur la réalité, et non des faits. Par conséquent, quand vous faites des déductions personnelles, présentez-les bien comme des suppositions plutôt que comme des faits et opérez un travail de vérification avec l'autre personne pour voir si elle est d'accord avec vous sur ce point. Ensuite, invitez-la à formuler sa réaction.

Étape 5 : Écouter la réponse de l'autre et lui dire ce que vous avez compris. Une fois que vous avez invité l'autre à réagir, témoignez-lui du respect en l'écoutant sans l'interrompre. Si vous l'interrompez pendant qu'il vous explique son point de vue, même si vous n'appréciez pas ce qu'il vous dit, vous allez le mettre sur la défensive, et c'est la relation que vous souhaitez construire avec lui qui en pâtira. En revanche, si vous l'écoutez jusqu'au bout, il aura le sentiment d'avoir été écouté et entendu. Vous serez alors en meilleure position pour réagir à votre tour de façon constructive sur ce qu'il vous aura dit.

Étape 6 : Dire clairement et précisément ses préférences. Après avoir écouté l'autre et exprimé votre opinion en retour, il est important de communiquer clairement sur ce que vous attendez de lui (c'est-à-dire une réaction différente de celle qu'il a eue auparavant). N'oubliez pas que cela ne signifie pas que vous obtiendrez ce que vous recherchez, même si vous êtes tout à fait en droit de l'espérer. Par conséquent, assurez-vous que vous vous êtes bien exprimé et que l'autre personne a bien compris ce que vous aimeriez voir se produire. Si vous estimez, par exemple, que la personne doit savoir ce que vous attendez, vous vous engagez dans une forme vaine d'interprétation et de devinettes qui ne fera que compliquer encore votre relation avec elle.

Étape 7 : Demander l'agrément de l'autre. Une fois que vous avez communiqué vos préférences, demandez à l'autre de réagir, et plus précisément demandez-lui s'il est d'accord pour faire ce que vous lui demandez. S'il n'est pas prêt à vous donner son accord, il vous faudra peut-être faire preuve d'assurance pour aller un peu plus loin dans votre communication.

Étape 8 : Communiquer toute information judicieuse pouvant servir pour gérer d'autres crises à l'avenir. Cette étape finale de la séquence sur l'affirmation de soi implique que vous communiquiez à l'autre personne toute information que vous jugez utile de porter à la connaissance de l'autre dans l'optique de mieux gérer les conflits ultérieurs. Ainsi, vous pourrez dire : « la prochaine fois que cela se produira, je veillerai à t'exprimer mes sentiments sur le moment », ou bien « la prochaine fois, comment souhaites-tu que je te dise les choses ? ». Cette dernière façon de communiquer est particulièrement adaptée quand l'autre personne rétorque qu'elle ne voit pas en quoi son comportement a un impact négatif.

Ce processus de communication constructive est un élément central de toute négociation saine. Il permet de réduire les occasions de conflit et permettra plus aisément de parvenir à un compromis et à une conciliation. Si l'on veut continuer à avoir des relations avec l'autre personne, il est important de parvenir à des compromis, l'objectif étant de faire en sorte que les deux parties aient quelque chose à gagner de leur interaction mutuelle. En l'absence de compromis, la relation se poursuivra sous le sceau du ressentiment non exprimé, ce qui n'est guère propice à votre équilibre personnel, ni à celui de l'autre.

Honorer ses engagements

Pour montrer que vous êtes quelqu'un de fiable, le meilleur moyen consiste à tenir vos promesses. C'est un aspect important des relations entre personnes qui, me semble-t-il, est malheureusement souvent passé sous silence dans les textes traitant de l'art de communiquer. En honorant vos engagements vis-à-vis des autres, vous témoignez qu'il est important pour vous de faire ce que vous dites que vous allez faire, même si des options plus attirantes se présentent à vous entre-temps. C'est là que vous devez pratiquer l'art de repousser votre seuil de tolérance à la frustration.

Témoignage

Prenons le cas de Jean. S'il s'est entendu avec Marie pour l'emmener au théâtre la semaine suivante, comment va-t-il gérer la situation lorsqu'il recevra une invitation à une soirée plus alléchante ? À mon avis, Jean se dira à peu près cela : « J'ai promis à Marie de l'emmener au théâtre et je vais le faire même si c'est moins amusant pour moi que d'aller à la soirée. Si je laisse tomber Marie, cela risque de porter atteinte à notre relation à l'avenir et ça, je ne le veux pas. Par conséquent, je vais supporter la frustration de rater cette soirée à laquelle je suis invité et serai heureux de lui montrer que je tiens à ma relation avec elle. »

Si vous souhaitez inspirer confiance aux autres, l'une des meilleures façons de faire consiste à leur montrer que vous êtes prêt à tenir vos engagements envers eux, que l'on peut compter sur vous et que vous n'allez pas changer d'avis au gré de vos envies. Cela signifie que quand vous dites que vous allez appeler quelqu'un à un moment donné, vous vous engagez à le faire même si cela vous oblige à interrompre une activité prenante. Entretenir ses relations avec les autres implique nécessairement une part de frustration. Cela implique également de remettre à plus tard certains bons moments qui pourraient être vécus dans l'immédiat. L'enjeu est de savoir si vous voulez oui ou non entretenir de bonnes relations avec les autres. Il faut savoir ce que l'on veut.

Développer sa fibre sociale

À l'étape 5, j'ai mis en valeur le fait qu'il est important de savoir respecter ses priorités, à commencer par soi-même. J'ai mis cette attitude en opposition avec l'égoïsme : l'attitude que je préconise consiste à reconnaître le fait que la personne qui vous intéresse le plus est vous-même, mais que cela ne vous empêche pas au fond de vous intéresser au bien-être des autres, en particulier de ceux qui ont de l'importance pour vous. Par contre, l'égoïsme repose sur le principe que vous devez toujours passer avant les autres, que les désirs des autres sont moins importants que les vôtres et peuvent facilement être ignorés. En conséquence, si vous voulez améliorer vos relations avec les autres, il est important de vous intéresser sincèrement à leur bien-être autant qu'au vôtre. Cela implique d'être attentif à leurs besoins et d'essayer de les combler dans la mesure où cela ne rentre pas en conflit avec ce qui vous tient à cœur. Parfois, cela vous amènera à accorder plus d'importance aux désirs des autres dans la mesure où l'enjeu leur tient davantage à cœur qu'à vous.

Faire attention aux autres implique non seulement de leur exprimer verbalement le souci et l'intérêt que vous leur portez, mais également de le leur prouver par des actes. Une petite attention sera plus éloquente à cet égard qu'un flot de paroles affectueuses. En outre, vous verrez ainsi que les autres seront davantage portés à faire attention à vous.

En prenant du recul, on constate que le fait de s'intéresser aux autres a des retombées immédiates à la fois sur le premier cercle de personnes qui comptent pour nous, le cercle un peu plus large de ceux qui vivent dans notre environnement et même sur ceux qui ont besoin d'aide à l'autre bout du monde. Plus on aide de gens dans le besoin, plus on se sent directement concerné à la fois par les affaires de ce monde en général, mais aussi de ce qui se passe autour de nous.

Développer de saines interdépendances

Je peux dire d'après mon expérience que les relations interpersonnelles sont bonnes quand les personnes sont interdépendantes. Cela signifie qu'elles sont prêtes à s'aider les unes les autres en cas de besoin et que cela fonctionne dans les deux sens. Au contraire, on peut mentionner à ce stade trois attitudes qui perturbent la qualité des échanges entre les personnes.

Dépendance

Le fait de dépendre de quelqu'un d'autre peut contribuer à ce que vous soyez inquiet en l'absence de celui qui ne peut vous aider ou dont vous craignez de perdre les faveurs (ce que vous prendriez alors pour de l'abandon). La dépendance consiste à penser que l'on a besoin des autres et que l'on est soi-même peu apte à faire face aux difficultés de la vie. Les relations qui sont fondées sur une relation de dépendance ne sont satisfaisantes ni pour l'un ni pour l'autre partenaire. La personne dépendante en vient à se détester pour ses propres faiblesses, tandis que la personne non dépendante en vient à détester la quasi-claustrophobie dans laquelle elle se sent enfermée. Par conséquent, si vous vous rendez compte que vous avez tendance à être dépendant, acceptez de reconnaître cette dépendance, identifiez les pensées irrationnelles qui sont sous-jacentes à votre dépendance et travaillez à établir une relation plus saine, plus autonome qui vous aidera à prendre part à un réseau de relations d'interdépendance saines.

Sollicitude compulsive

Il arrive souvent que les personnes facilement dépendantes nouent des relations avec celles qui au contraire tirent leur force du fait de s'occuper de personnes dépendantes. Si la personne dépendante a besoin d'aide, celui qui ne peut s'empêcher de l'aider a besoin que quelqu'un ait besoin de lui. Il arrive souvent que ces personnes d'une sollicitude exagérée se sentent valorisées du fait de l'empressement qu'elles mettent à aider des personnes apparemment fragiles. Cependant, si l'on gratte un peu sous l'écorce, on s'aperçoit bien souvent que cette sollicitude compulsive cache en réalité des faiblesses masquées par une attitude de force chez celui qui vient au secours de l'autre. Ainsi, si vous vous reconnaissez dans cette description, essayez d'identifier et de reconnaître votre intolérance à vos propres faiblesses. Acceptez-vous avec vos faiblesses, apprenez à les gérer, puis veillez à assainir vos relations dans un esprit d'interdépendance mutuelle plus équilibrée qui vous éloignera du schéma où vous êtes, celui qui est en position de force, celui qui rend service et aide d'autres personnes en situation de dépendance, et donc en état d'infériorité par rapport à vous.

Autonomie compulsive

La troisième attitude que je veux commenter ici est celle que je qualifierai d'« autonomie compulsive ». L'autonomie compulsive consiste en fait à se valoriser à ses propres yeux en s'estimant capable de résoudre tous ses problèmes personnels sans l'intervention d'une autre personne. À la différence de celui qui tient absolument à aider les autres, celui qui ne veut compter que sur lui-même tire sa force du fait qu'il est autonome et n'a pas besoin des autres. Les personnes de ce type ont tendance au pire à éviter toute relation d'intimité ou au mieux à essuyer les critiques de leurs partenaires qui leur reprochent de ne pas laisser voir leurs points faibles. En réalité, au fond d'elles-mêmes, ces personnes manquent de confiance en elles et croient qu'elles peuvent corriger leur piètre estime d'elles-mêmes en se montrant d'autant plus fortes. Malheureusement, leurs relations interpersonnelles s'en ressentent soit parce qu'elles deviennent superficielles, soit parce qu'elles se font de plus en plus rares, aboutissant au fait qu'aucun des deux partenaires n'apporte plus rien à l'autre et n'attend plus rien en retour.

Si vous vous reconnaissez dans ce type de comportement, il est important de remettre en question l'idée selon laquelle le fait d'avoir des points faibles signifie que l'on est sans intérêt, et faible. Une fois passé ce stade, apprenez à vous accepter tel que vous êtes. Prenez des risques et n'ayez pas peur de montrer vos points faibles à votre partenaire, ce qui vous permettra de renforcer vos liens interpersonnels. Cette acceptation et ce partage constituent la meilleure garantie d'une relation saine et d'un bon équilibre pour les couples qui ont la chance d'en faire l'expérience.

ÉTAPE 10

Envisager les changements avec réalisme

POUR TROUVER SON ÉQUILIBRE au plan personnel, il est important d'adopter une attitude réaliste vis-à-vis des changements que l'on doit opérer dans sa vie. À cette dernière étape, je passerai en revue les dix aspects à intégrer afin de mettre en place un programme réaliste visant à modifier certaines de vos attitudes.

Les 10 règles à adopter

1. Admettez que vous avez un problème et acceptez-vous tel que vous êtes

Il est difficile de remédier à un problème si l'on n'est pas prêt à admettre qu'il se pose. L'un des blocages qui empêchent d'admettre l'existence d'un problème est lié au fait d'avoir honte de ce problème. Cela revient à se dire : « Si j'admets que j'ai ce problème, cela voudra dire que je suis nul, incompétent, dépassé, faible, incapable. » Dans ce cas de figure, il est plus facile de nier avoir un problème et de faire retomber la faute sur d'autres personnes que d'accepter de regarder la réalité en face. La première condition pour le résoudre est donc bien de commencer par reconnaître l'existence du problème. Comme je l'ai montré à l'étape 5 de cet ouvrage, une des caractéristiques principales d'un bon équilibre psychique consiste à savoir s'accepter tel qu'on est : vous considérez que votre valeur personnelle n'est pas fondamentalement liée au problème que vous rencontrez. Quand vous admettez que vous avez un problème, vous acceptez d'en assumer la responsabilité, ce qui vous permettra de passer à l'étape suivante pour changer ce qui doit l'être dans votre façon de penser.

2. Soyez précis

Il est très difficile de surmonter des problèmes mal définis, vagues. Aussi, tâchez d'être aussi précis que possible, non seulement pour cerner le problème dans ses grandes lignes, mais aussi pour trouver un exemple à analyser.

3. Identifiez l'émotion perturbatrice

Plus vous arriverez à préciser quelle est l'émotion qui vous perturbe, plus vous comprendrez exactement la nature de ce qui vous perturbe. Évitez d'écrire des phrases du type : « je suis bouleversé » ou bien « je suis désespéré ». N'oubliez pas non plus que toutes les émotions négatives ne sont pas malsaines. Ainsi, il est légitime d'être triste à la perte d'un être cher, d'être préoccupé en cas de menace, d'être ennuyé face à une frustration. En général, ce type de sentiments ne posent pas de problème étant donné leur nature saine. Néanmoins, si pour vous cela constitue un problème, cela signifie probablement que vous pensez que vous ne devriez pas ressentir de sentiments négatifs eu égard aux circonstances. C'est peut-être parce que vous pensez que face à une menace, vous devriez garder votre calme, ou qu'en cas de perte, vous devriez être stoïque, ou qu'en cas d'injures, vous devriez répliquer en tendant l'autre joue. Par conséquent, il est important de parvenir à écrire noir sur blanc les sentiments qui vous envahissent tels que l'anxiété, la déprime, les blessures d'amour-propre, la culpabilité, la colère, le fait de s'apitoyer sur soi qui sont indéniablement des sentiments non seulement négatifs, mais également inhibiteurs par nature.

4. Identifiez ce qui, dans la situation, vous perturbe le plus

Quand vous ressentez une émotion négative perturbante (du type de celles qui sont indiquées ci-dessus), il est important de mettre l'accent sur ce qui vous perturbe le plus. Dans une situation donnée, plusieurs aspects peuvent se conjuguer et vous perturber. Plus vous arriverez à dégager l'aspect de la situation qui, mettons, est source d'anxiété, mieux vous arriverez à trouver une solution qui soit réaliste.

Disons, par exemple, que vous avez peur de parler en public. Il se peut que votre peur provienne du fait que vous craignez de bégayer. Il se peut que ce soit parce que vous avez peur de ne pas savoir quoi dire, ou encore que le public vous prenne en pitié, ou qu'il vous critique exagérément. Mieux vous arriverez à discerner la cause de votre anxiété, mieux ce sera. Posez-vous la question suivante : « Qu'est-ce qui dans cette situation me fait le plus peur ? » Quand vous aurez la réponse à cette question, vous pourrez travailler à assainir votre attitude vis-à-vis de l'élément décelé.

Parfois, vous constaterez que cet élément hautement perturbateur a pris des proportions démesurées. Mettons, par exemple, que vous arriviez à la conclusion que ce qui vous fait le plus peur, c'est que les gens se lèvent et s'en aillent. Vous avouerez que c'est très improbable, mais c'est ce qui vous fait peur et à ce stade, il est important d'envisager temporairement la possibilité que cela se produise. Cette façon de procéder vous permettra d'identifier vos croyances négatives irrationnelles décrites à l'étape 5.

5. Identifiez vos croyances irrationnelles

Il existe quatre types de croyances irrationnelles, décrites aux étapes 2 à 5, qui sont sous-jacentes à toute perturbation de nos émotions :

- *Intransigeance et exigence excessives*. Cet état d'esprit vous porte à croire que vous-même, les autres et le monde entier doivent être d'une certaine façon, et pas d'une autre.
- *Catastrophisme.* Vous croyez qu'il est inimaginable, terrible, apocalyptique que les choses n'aillent pas comme vous voudriez qu'elles aillent.
- *Faible tolérance à la frustration*. Vous pensez être incapable de supporter une situation que vous voulez éviter à tout prix. Vous imaginez soit que

vous allez mourir sur place, soit que vous ne serez plus jamais heureux.
- *Dénigrement de soi et des autres*. Cet état d'esprit vous porte à croire, par exemple, que vous avez moins de valeur dans certaines circonstances ou que la personne qui vous fait du tort est condamnable.

Essayez de repérer si l'une ou l'autre de ces tendances se manifeste chez vous et prenez conscience que ce sont ces types de croyances qui sont à la base principalement des perturbations qui vous assaillent intérieurement.

6. Remettez en question vos croyances irrationnelles

Il y a trois façons de remettre en question une pensée irrationnelle. La première consiste à se poser des questions sur l'adéquation de cette pensée avec la réalité (« Est-il vrai que je doive absolument bien faire ? », « Y a-t-il une loi de l'univers qui stipule que je doive absolument bien faire ? ») La seule réponse correcte à ce genre de questions est « Non, il n'y a aucune preuve car s'il y en avait, il faudrait alors absolument bien faire ». Dans ce cas, vous n'auriez aucun moyen de vous opposer à cette loi de l'univers. Or, il s'avère qu'il n'y a aucune obligation de bien faire et par conséquent la seule réponse sensée est « non ». En revanche, il y a bien des preuves que c'est vous qui voulez bien faire et que c'est vous qui vous fixez cette obligation de réussite. Vous devez par conséquent bien comprendre qu'il s'agit en fait non d'une obligation dogmatique imposée, malsaine, mais d'une préférence personnelle qui, elle, est saine.

La deuxième façon de remettre en question une pensée irrationnelle consiste à se poser des questions sur la logique de la croyance en question. Par exemple, si vous avez cette croyance : « Les autres doivent s'occuper de moi puisque je le veux ! » La conclusion que vous tirez découle-t-elle directement de votre désir qu'il en soit ainsi ? Là encore, la réponse est négative. Voici comment l'expliquer simplement : si je vous pose la question suivante : « Aimeriez-vous recevoir là tout de suite la somme de mille euros ? », vous allez certainement me répondre « oui ». Dans ce cas, je vous répondrai : « Est-ce logique de penser que parce que vous aimeriez recevoir mille euros là tout de suite, cela signifie que cela doit se produire ? » Là, votre réponse risque d'être négative car « vos désirs ne sont pas des ordres », comme le dit si bien le proverbe. En conclusion, il vaut mieux considérer ses désirs comme des préférences, saines, qui sont le prolongement logique de besoins plus fondamentaux de rester en vie, d'être heureux, et ainsi de réduire autant que possible les occasions de perturbations.

La troisième façon de remettre en question les croyances irrationnelles est peut-être la plus importante de toutes. Elle porte sur les conséquences induites par des croyances irrationnelles. Posez-vous la question suivante : « Si je maintiens qu'il faut absolument que je sois sûr de l'aboutissement de mes actions, comment vais-je considérer les conséquences induites par cette croyance ? » La réponse est que vous serez inquiet et indécis. En revanche, si vous prenez conscience que vous ne pouvez avoir que des préférences sur les certitudes que vous aimeriez avoir dans ce cas-là tout en sachant que le résultat ne peut pas être garanti d'avance, cette croyance relativiste vous stimulera pour avoir un niveau de préoccupation saine et pour prendre des mesures constructives.

Passez chacune de vos croyances irrationnelles au crible de chacune des questions suivantes :

- Dans quelle mesure votre croyance est-elle en adéquation avec la réalité ?
- Quelle est sa logique ?
- Quelles sont les conséquences induites par cette croyance ?

7. Corrigez les distorsions de la pensée portant sur les interprétations que vous avez faites au niveau de la remarque 4 (p. 145)

Reportez-vous à la remarque 4 de ce chapitre où je vous ai demandé de vous mettre temporairement dans l'état d'esprit où les circonstances désagréables que vous rencontrez et qui vous perturbent existent pour de bon. Ce cas de figure vise à vous inciter à identifier vos croyances irrationnelles qui sont la cause première de votre trouble. Il est maintenant temps de prendre du recul et de se demander dans quelle mesure votre interprétation des faits était bien conforme à la réalité. Quelles sont les distorsions de la pensée qui se sont immiscées ? À l'étape 7 de ce livre, je vous ai montré comment identifier les divers types de distorsions de la pensée et comment les remettre en question. Vous pouvez vous y reporter à ce stade. La raison principale pour laquelle je pense qu'il vaut mieux ne pas corriger les distorsions de la pensée au stade de la remarque 4 tient au fait qu'à ce stade, vous êtes encore sous l'influence de sentiments négatifs qui vous perturbent et vous n'avez pas l'objectivité nécessaire pour prendre du recul et vérifier la validité de votre interprétation. Le fait de remettre en question vos croyances irrationnelles au stade de la remarque 6 vous permet de gagner en objectivité et vous incite à corriger les distorsions qui subsistent encore dans votre pensée.

8. Entraînez-vous à renforcer vos pensées rationnelles

Rappelez-vous les quatre types de pensées rationnelles :

- Préférer (plutôt qu'exiger).
- Ne pas dramatiser.
- Tolérance élevée à la frustration.
- S'accepter soi-même et accepter les autres comme étant des êtres humains faillibles.

L'important ici est de retenir que pour que ces pensées rationnelles deviennent vraiment vôtres, il faut impérativement que vous vous entraîniez régulièrement et que vous vous forciez à avoir ce schéma de pensée. Si vous vous entraînez seulement une ou deux fois par semaine sans vraiment vous y mettre à fond, cela ne suffira pas. Il faut, au contraire, fréquemment agir sur les pensées rationnelles, de façon volontariste et entière. Vous devez vous décider à vous y mettre à fond et veiller à éviter les cinq grands pièges qui pourraient vous détourner de ce travail sur les pensées rationnelles.

1er piège : Pour pouvoir prendre des mesures constructives, il faut d'abord être à l'aise. Si vous attendez d'être bien, vous risquez d'attendre longtemps avant de prendre des mesures positives. C'est pourquoi il vaut mieux travailler sur ses pensées rationnelles même si cela n'est pas facile. Plus vous vous entraînerez, plus cela deviendra facile.

2e piège : Je ne peux pas prendre de mesures constructives parce que je ne maîtrise pas tout. Là encore, il est important d'agir même si vous ne maîtrisez pas tous les éléments, car plus vous travaillerez sur vos pensées rationnelles, plus vous arriverez à dominer vos pensées.

3e piège : Je ne peux changer de comportement car je ne me sens pas encore compétent. Comme dans les deux cas précédents, c'est en travaillant même de façon encore imparfaite sur vos pensées que vous parviendrez à le faire de façon compétente car c'est à partir de ses erreurs que l'on progresse.

4e piège : Je ne peux pas changer mes habitudes comme ça car je n'ose pas le faire. Même refrain que précédemment : c'est en faisant des choses inhabituelles que l'on apprend à les faire.

5e piège : Je ne peux pas prendre les mesures constructives qui s'imposent, surtout celles que je considère comme risquées car je manque de courage. Il ressort d'études qui ont été faites sur des personnes qui ont eu des gestes héroïques en temps de guerre que le courage ne vient pas avant les actes considérés comme courageux. Ceux qui ont fait preuve de courage ont eu aussi peur que les autres avant leur geste héroïque. Même si la peur est présente, elle ne doit pas vous empêcher d'agir.

9. Généralisez à d'autres situations du même type
Une fois que vous avez, par exemple, réussi à surmonter votre besoin de vous sentir approuvé par vos collègues, vous pouvez généraliser vos nouvelles croyances rationnelles (exemple, « j'aimerais bien que les autres soient d'accord avec moi, mais ce n'est pas une nécessité ») à d'autres situations où le besoin d'approbation est crucial pour vous – par exemple, dans vos relations avec vos parents, avec votre conjoint ou avec vos enfants. Ne croyez pas que ce genre de généralisations se produira spontanément. Sûrement pas ! C'est à vous de les susciter au lieu d'attendre passivement qu'elles se manifestent.

10. Entretenez vos acquis
Gardez-vous d'avoir cette idée fausse selon laquelle une fois que vous avez suivi avec succès une psychothérapie ou que vous avez réussi à évoluer, vous avez définitivement atteint vos objectifs et vous n'avez plus besoin d'entretenir vos acquis. La nature humaine a des prédispositions étonnantes pour perdre ses bonnes habitudes et il faut encore et toujours faire de gros efforts pour entretenir et renforcer ce que l'on croit avoir acquis pour toujours (tous ceux qui ont essayé de faire un régime amaigrissant ou d'arrêter de fumer vous le diront). Si vous décidez de faire des exercices quotidiens pour renforcer vos nouvelles pensées rationnelles, même lorsqu'il paraît n'y avoir aucune nécessité, vous en tirerez les bénéfices plus tard.

Pour réduire les risques de chutes et de rechutes, il faut véritablement les anticiper. Repérez en particulier vos facteurs de vulnérabilité. Par exemple, si vous cherchez à réduire votre consommation d'alcool, vous risquez d'avoir envie de faire comme vos amis qui descendent facilement six ou sept chopes de bière d'affilée. Si vous êtes facilement inquiet, votre facteur de vulnérabilité sera peut-être de vous retrouver dans des situations inhabituelles. Plus vous arriverez à identifier à l'avance vos facteurs de vulnérabilité, et plus vous arriverez à identifier, remettre en question et modifier les croyances irrationnelles qui constituent le terreau des facteurs de vulnérabilité, plus vous serez à même de réduire les risques de chutes et de rechutes.

Au début, il sera judicieux d'éviter les situations où vous vous sentez en position de vulnérabilité. Il vaut mieux attendre d'être capable d'opposer des pensées rationnelles dans les situations où vous seriez tenté de vous laisser aller à vos mauvaises habitudes. Il ne s'agit pas de vouloir en faire trop au risque de se sentir dépassé, mais il faut prendre l'habitude de vous remettre en question de façon saine. Cela dit, il faut tout de même tenir compte du fait que comme chez tout être humain, il est probable qu'il y aura des écarts, et des échecs. Il n'y a aucun moyen pour l'éviter. Si vous vous acceptez tel que vous êtes et ne vous formalisez pas trop de l'existence des rechutes, vous serez plus à même de tirer les leçons de vos expériences de rechute. En revanche, si vous vous culpabilisez ou si vous êtes trop affecté, vous risquez fort de rechuter encore et même si vous ne revenez pas complètement en arrière, vous aurez le sentiment que c'est bien ce qui se produit.

En conclusion

Ayez toujours à l'esprit que l'équilibre psychique s'entretient tout au long de la vie, et que cela demande des efforts soutenus. Il est rassurant de savoir que plus on s'entraîne, plus cela devient facile. En outre, vous pouvez vous consoler en vous disant qu'aucun être humain au monde n'est parfaitement en bonne santé sur le plan psychique. Moi non plus, d'ailleurs, je ne fais pas exception à la règle !

Table des matières

Achevé d'imprimer par
BLACKPRINT CPI IBERICA S.L.
Sant Andreu de la Barca (08740)

Dépôt légal : octobre 2011